自分を成長させる
最強の学び方

株式会社ドコモgacco代表取締役社長
伊能美和子

SOGO HOREI PUBLISHING CO., LTD

推薦の言葉

アメリカから始まったＭＯＯＣ（大規模オンライン講座）の日本版、「gacco（ガッコ）」で、「脳と創造性」という講座を担当しました。

人工知能が多くの分野において人間に取って代わろうとしている現代において、人間の脳ならではの可能性とは何か、創造性を発揮するためには、具体的にどのような実践に取り組めばよいのか、という問いに対し、多くの方に考えてもらうきっかけになったと思っています。

講義の中でもお話ししましたが、人間というのは、自分で気づかないくらいの宝物を脳の中に持っているものです。それを引き出すためには、人生を通して学び続けていくことが大切です。

脳力を高め、できることの可能性を引き出す、「人生を通した学び＝Ｌｉｆｅｌｏｎｇ Ｌｅａｒｎｉｎｇ」を、ぜひ皆さんも実践してみてください。

茂木健一郎

はじめに

本書では、「人生を通した学び＝Ｌｉｆｅｌｏｎｇ Ｌｅａｒｎｉｎｇ」の大切さを皆さんにお伝えしたいと考えています。

あなたは勉強というものは、学生がするものだと思っていませんか？

けれども、実際には社会に出てからのほうが長期的・継続的な勉強は必要なのです（そのことを実感されている人も多いかと思います）。

仕事を持っていることに満足するのではなく、常に自らを成長させていかなければならないのです。そして、その必要性は近年、どんどん高まってきています。それはなぜなのでしょうか？

その理由の一つは、ＡＩ（artificial intelligence：人工知能）の登場と、その加速度的な進化にあります。

あなたは、近い将来、ＡＩの進化によって、今ある職業の半分がなくなる、と聞いたらどのように感じますか？

「困った！」と思うのか、「どんな世界になるのだろう？」と半ばワクワクするのか。反応は人ぞれぞれだと思います。

そんな両極端の反応をする人たちがいるとして、この違いはいったいどのようなところからくるのでしょうか？　それは、学びに対する考え方からくるものだと私は思っています。

時が移り変わることで、なくなってしまう職業は、いつの時代にもあるものです。技術の進歩で、人が苦労してやらなくても済むようになったり、業界の仕組みが変わって、それまであった業務そのものがなくなってしまったりすることがあるのです。

例えば、音楽業界は、長年続いてきたレコードやＣＤの販売から、ダウンロード、さらにはストリーミング配信による視聴が一般的になりつつあります。

無料動画の視聴により広告料が入る仕組みができて、新たな仕事も生まれています。業界の構造変革により、人々の職務範囲はずいぶんと変化しているのです。

出版業界も、出版不況といわれる状況が長く続き、業界構造が変わり、その規模自体が縮小気味である一方で、電子書籍やデジタル教科書のような新たなツールが登場し、利用形態や楽しみ方が増えました。

その原因は、主に技術の革新にあります。さらに今後は、ＡＩの登場で、業界構造やユーザーとのかかわり方の変化がより加速することでしょう。

第３次産業革命で登場したＩＴと、これから本格化するＡＩは何が違うのでしょうか？

ＩＴはあくまで人間が使うものとしての存在でした。さまざまなＩＴ機器も、最初はとっつきにくく、使いこなすには苦労が伴いますが、使い方さえ覚えてしまえば、その便利さに手放せないものも多いのではないでしょうか。

さて、ＡＩはどうでしょう？

囲碁や将棋の世界でも、名人クラスがＡＩに負けてしまったと、ちょっとセンセーショナルに取り上げられたニュースもありました。

スティーブン・ホーキング博士は、

「人工知能が自分の意志をもって自立し、そしてさらにこれまでにないような速さで能力を上げ自分自身を設計しなおすこともあり得る。ゆっくりとしか進化できない人間に勝ち目はない。いずれは人工知能に取って代わられるだろう」

と警鐘を鳴らしていますし、イーロン・マスク氏は、

「ＡＩは悪魔を呼び出すようなもの」

と少々過激な表現で、その登場を警戒しています。

すでに、犬や猫と同じようにマイクロチップ（もっと極小のナノチップも開発されています）を注射器などで身体に埋め込み（マイクロチップ・インプラント）、ドアのロックを開閉したり、電子機器を起動できるようにしている人もいます。

埋め込むのはちょっと、という人でもシールのように身体に貼り付けるだけなら、抵抗感は薄いのではないでしょうか。

将来的には、膨大な情報量と処理能力を備えたＡＩがマイクロチップ化され、人体と一体化した上、高性能な義手や義足を装着すれば、もはや『銀河鉄道９９９』の機械人間の世界です。

そうしたことが一般化するかどうかはわかりませんが、ＡＩの実世界への応用はすでに始まっています。

かんぽ生命保険では、米ＩＢＭの学習するＡＩであるコンピューター「Watson（ワトソン）」を保険金の支払業務に導入しました。

担当者が保険契約者から受け取った書類は、これまで、過去の事例や必要な約款、法制度などを熟知した、いわゆる熟練の技術（知識）を持ったベテランが審査し、判断していたのですが、その部分をＡＩが担当することによって、経験の浅い担当者でも審査を正確にできるようにし、契約者が保険金を早く受け取れるようにするというのが目的だそうです。

これはあくまで、「人間に置き換わるものではなく、人間を支援するものである」ということですが、この状況がもっと加速してしまうと、そこに人間の居場所があるかどうか、少々心配になってしまうのもやむを得ないことかもしれません。

けれども、気に病んでいるだけでは事態は変わりません。むしろ、そこで思考停止してしまう人は、かえって取り残されてしまうリスクが高まります。

不安を煽るような論調だけでなく、ここ最近では、ＡＩの限界についても冷静な指摘がされるようになってきています。これからくる新しい時代を、どうせならワクワクしながら、ＡＩと共に生き抜いていくためにはどうしたらよいのでしょうか？

私は、その処方箋はズバリ、**「ＡＩと友だちになる！」**ことだと思っています。

ＡＩと競争したり戦ったりするのではなく、未来からやってきた転校生だと思ってみたらどうでしょう？

誰かと友だちになったときを思い出してください。その人に何となく興味を持つ、ということから始まって、自分との共通点を見出すべく、その人の趣味嗜好、癖、習慣、考え方などを知ろうとしたのではありませんか？

孫子の言葉に、「彼《かれ》を知《し》り己《おのれ》を知《し》れば百戦殆《ひゃくせんあや》うからず」という有名なものがあります。舞台が戦場ではなく、日常の生活であるという違いはありますが、相手を知り、自分を知ることの大切さは今に始まったことではありません。

その、**知ろうとする行動、つまり「学び」こそ、これからの時代においてはますます**

重要になる、ということをお伝えし、それを習慣として継続するための仕掛けをご紹介するのが本書の目的です。

相手（ＡＩ）は、人間の成長スピードをはるかに超えてアップデートしていきます。それを、手をこまねいて見ているだけではなく、優秀な彼あるいは彼女と友だちになって一緒に勉強したり、ときには自分の得意技を教えたりしながら、人間らしく、自分らしく生き抜き、夢を実現していかなくてはなりません。

そのためには、自分自身の継続的なアップデートが必要です。

そしてそのための方法が、**絶え間ない「人生を通した学び＝Ｌｉｆｅｌｏｎｇ Ｌｅａｒｎｉｎｇ」**なのです。

そもそも、私たちはなぜ学ぶのでしょうか？　自己実現とはどういうことなのでしょうか？

私たちが学びと共に生きていくために、今一度そこに立ち返り、考えてみる必要がありそうです。

実は、現在の日本では、「人生を通した学び」や「社会人の学び直し」が一般的ではないという状況があります。

ここで皆さんに質問です。

Q「OECD各国における25歳以上の大学への入学割合について。
第1位はアイルランドで32%。
第2位はニュージーランドで27・7%。
第3位はスウェーデンで25・9%。
ずっと下って、韓国が17・3%。
さて、日本は何%でしょうか？」

もしかしたら、あなたは、

「日本はいまだ世界第3位の経済大国だし、お隣の韓国が17%なら、日本だって10数%くらいはあるんじゃないかな？」

と思ったかもしれません。

正解は、何と、たったの1・9％です。
日本は、ＡＩを云々する以前に、グローバル社会において少し特殊な環境にあるようです。

これまで日本においては、人生を通した学習、いわゆる「生涯学習」というのは、どちらかというと「人生を豊かにするための教養を身につけるためのもの」というニュアンスが強かったように思われます。

その多くは、仕事をリタイアした人の好奇心や向学心を満たすためのものともいえるような、趣味的なものでした。

確かに、そういう意味合いでの人生を通した学びというものも、人間には必要だと思います。

しかし、これからの社会は、単に教養を身につけるということだけではなく、生きていく上で必要な実学の部分も合わせてアップデートしていく必要があるのです。

実際に、我々が提供している学びの仕組みを活用して、さまざまな環境にある人たちが、自らの人生を充実させています。

仕事が忙しいビジネスマンや、仕事、家事、育児に追われているワーキングマザー、地方に住んでいて、近くに学ぶ場所などがなかなかないという方、その他、さまざまな制約がある方たちが自分の人生を充実させるためにイキイキと学んでいるのです。

私は教育者ではなく、「仕組みづくり」が専門ですので、ことさら「学問とはかくあるべき」という主張を持っているわけではありません。

どちらかというと、「学ぶ」ことをもっとカジュアルで身近なものとして普及させたいという思いを持っているのですが、本書で「これからの時代における学びの形の提案」をする上で、まずは「人はなぜ学ぶのか」というところから考えていきたいと思います。

学ぶことは、純粋に楽しく、そんなに敷居の高いものではありません。

むしろ、「楽しんで学ぶ」ことでこそ、ＡＩとの共存はもちろん、あらゆる「学び」を取り巻く問題をカバーできると考えています。

そのために、どんな取り組みをしているのか、ということをご紹介させていただきつつ、皆さんと一緒に、

「学ぶとはどういうことなのか」

「人を学びへと向かわせるものは何なのか」

「これからの時代に必要な学びとは何なのか」

について考えていきたいと思います。

学ぶことで、来《きた》るべき時代をワクワクしながら受け止め、その波を乗りこなすことのできる自分へとアップデートしていきましょう。

目次

はじめに……4

第1章

学ぶことの意義

第2章

「何を」「どう」学ぶべきか？

第３章

「人生を通しての学び」の始め方

第４章

生涯にわたる学習こそが、あなたの人生を豊かにする

第5章

どんな環境にあっても、充実した日々を送るために

編集協力　神原博之（K.EDIT）
ブックデザイン　土屋和泉
図表作成　横内俊彦

第1章
学ぶことの意義

『学問のすすめ』にみる学びの本質

「はじめに」でもお話ししたように、私は教育者ではなく、仕組みづくりが専門ですので、ことさら「学問とはかくあるべき」という主張を持っているわけではありませんが、話を進めていく上で、まずは「学ぶ」とはどういうことなのかを改めて考えてみたいと思います。

「学ぶ」ということが即、快楽に結びつくものであり、誰に言われるまでもなく楽しいことであるならば、あえてその本質的意義を考えるまでもないのですが、ここで改めて言うまでもなく、勉強とは多少なりとも苦痛が伴うものであり、なぜそこに立ち向かっていかなくてはいけないのかということを、まず押さえておくべきだと思うからです。

「学びの本質」をどこにみるかということについては、さまざまな意見があると思います。

私が現在の仕事に携わるようになってから、よく読む本に福澤諭吉《ふくざわゆきち》の『学問のすすめ』があるのですが、そこには、普遍的な学びの意義が書かれていると感じます。

福澤諭吉が生きた時代は、明治維新前後の混乱期。それまでの価値観が崩れ、新たな国の方向性が模索されているタイミングでした。

これまでのような生き方をしていたのでは、欧米列強に国土を侵され、日本国の主権、日本人としてのアイデンティティの保持すら危ぶまれるような事態に陥るかもしれない、まさに国家の一大事である、という強烈な危機感がありました。

『学問のすすめ』が書かれた背景には、そういう時代の情勢があったのです。

私は現代社会も、当時の社会情勢とシンクロするところがあるのではないかと感じます。

彼はこの本の中で、学ぶことに関して以下のようなことを述べています。

「人にはそれぞれの社会的役割や才能というものがある。才能や人間性を身につけるには、物事の筋道を知る必要がある」（初編）

「実生活も学問であって、実際の経済も学問、現実の世の中の流れを察知するのも学問

である」（第2編）

「物事を軽々しく信じてはいけないのならば、またこれを軽々しく疑うのもいけない。信じる、疑うということについては、取捨選択のための判断力が必要なのだ。学問というのは、この判断力を確立するためにあるのではないだろうか」（第15編）

いかがでしょうか？

「学ぶ」ことの目的や意味について書かれている代表的な部分を抜粋してみました（齋藤孝著『現代語訳　学問のすすめ』〈ちくま新書〉参照）。その内容は、今でも全く色あせることのないものであると思いませんか？

『学問のすすめ』は、学びに関することだけでなく、国や人の有りようなど、今の時代を見通していたかのようなことが書かれていて、その内容に改めてびっくりさせられます。

また、「天は人の上に人を造らず人の下に人を造らずと云へり」という『学問のすすめ』の書き出しの言葉は有名ですので、皆さんもご存知でしょう。

その後の数行だけを読むと「人間は本来平等である」ということを書いたもののように思われるかもしれませんが、続きはこうです。

「『人学ばざれば智なし、智なき者は愚人なり』とあり。されば賢人と愚人との別は学ぶと学ばざるとによりてできるものなり」

つまり、不平等は「学んだか学ばなかったかの違いによって生まれる」と述べているのです。

福澤諭吉は、激変する先行きの見えない時代だからこそ、**自分の職分（するべきこと、役割）を見極め、他者と交流しながら、それを果たすことで、平和な世の中を作り上げ、幸福な生活を送ることこそが「学問」の目的である**と述べているのです。

生まれた地域や身分に捉われずに、学ぶことで自分を見出し、それを社会に役立て、結果として「自己実現」をすることができる、そのことを多くの人に伝えたかったのだと考えられます。

そして、この考え方は、現在の私の取り組みの根底に流れている理念とも共通するものであると感じています。

また、単純に知的好奇心を満たすための学びというのも、人間の根源的な欲求であり、文学、歴史、哲学、宗教、音楽、科学、美学などのいわゆる教養系の知識を学ぶことは、純粋に楽しいものです。「知の冒険」といってもいいでしょう。

このような学びは、人生に幅広い視野と潤いを与えてくれるだけでなく、物事と物事との関係性を発見したり、ひらめきをもたらしてくれたりする効果があると考えます。

さらに、私の個人的な経験からも言えることですが、グローバル市場においては、自国の文化や歴史を語れなければ、優秀なビジネスパーソンとはみなされないという現実もあります。

事実、私が海外での会議に参加した際にも、日本について興味を持っている方が多く、懇親会などで日本の文化や歴史、ひいては政治などの話題についてさまざまな質問をされたのですが、英語の能力以前に、そもそも知らない、考えたこともない、というような状況で、言葉につまり、会話が弾まず、冷や汗をかいたことが何度もあります（苦笑）。

そのとき、一人の人間として、日本のことを自分の言葉で語ることができ、相手の国の文化を理解した上で適切なコミュニケーションが取れないと、ビジネスのテーブルにつくことすらままならないのだ、と痛感させられました。

つまり、「狭義の実学」だけでなく、いわゆる「教養」も、学んでしっかりと身につけておくことが人生において役に立つ本来の意味での「実学」である、ということです。

それどころか、むしろ、「教養」を学ぶことで、広い視野と人間らしいクリエイティビティを獲得できるのではないでしょうか。

「学び」は、自分のことを知る手段

現代の日本に生まれた私たちは、物心ついたときから学校に行き、勉強をするということが、半ば当たり前の環境で育ちます。

学校の勉強が、純粋に「楽しくて仕方がない」という人もいるでしょうが、多くの人にとっては、いつしか学ぶことの目的が、潜在的にも顕在的にも「良い学歴を手に入れる」ことになってしまってはいないでしょうか。

そのため、私を含めて、「勉強」というと、どうしても「テスト対策」ということが先に立ってしまい、真に人間力を高め、より充実した人生を歩むためのものではなくなっているような気がします。

今の社会では、その人を判断する材料として何をどのように学んできたのか、という「学習歴」ではなく、記憶や知識をテストで測った結果としての「学歴」に重きが置かれる状況にあります。

そのため、知識伝達を偏重した「学び」が、良い「学歴」＝「生活」を手に入れる手段と認識されてしまっています。

その結果、テスト対策が子どもたちの「学び」のほとんどを占めることになってしまい、それについていけなくなると、その時点で学ぶことの意味を見失ってしまいがちです。

こうした状況で「学ぶ喜び」というものを感じることは、少ないはずです。

そのため、多くの人は社会に出て、テスト勉強から解放されると、〝苦行〟から解放されたがごとく、継続した学びの機会を持たなくなってしまうのです（実際には社会人になってもテストはあったりするのですけれど……）。

言うまでもないことですが、計算する力が身につくということは、その力を使ってあらゆるものを計る世界が広がるということで、読んだり書いたりする力が身につくということは、その力を使って、本を読んだり、思いを綴ったりする世界が広がるということで、話す力が身につくということは、その力を使って多くの人たちと会話をし、コミュニケーションをとる世界が広がるということです。

学ぶことによって、新たな能力を身につけ、新たな世界を見出すことができるのです。

また、何か具体的なスキルを身につけるということだけではなく、社会の仕組みや物事の成り立ちを知ると、視野が広がり、物の見方が変わります。

それはすなわち、**自分の適性を知り、自分がやりたいことを実現する、「自己実現」の手段たりうるものとなるのです。これこそが、本当の意味で「学力をつける」ということなのです。**

「そんなことくらい分かっている」と皆さんはきっと思われることでしょう。けれども、自由に学び、好きな職業に就くということが当たり前ではない環境にいると、学ぶことの意味をより切実に感じざるを得ないということだけは確かです。

ノーベル平和賞を受賞した、パキスタンの女性人権活動家である、マララ・ユスフザイさんのことは、皆さんご存知だと思います。

彼女は、スクールバスで下校途中、武装集団に銃撃され重傷を負いました。15歳の女子学生を狙い撃ちにしたテロ事件は、世界中に大きな衝撃を与えることになりました。

彼女は、若いながらも女性が教育を受ける権利を訴えており、そのことを快く思っていなかった反政府勢力による犯行でした。

「奪われて初めていかに重要なものであるかを思い知らされました。

学校に行くということは、知識を得るだけでなく、自分の未来を切り開くことだと思います。

だから、もう学校に行けないと言われたときは、まるで石器時代に引き戻されたかの

ようでした」（マララ・ユスフザイ）【ＮＨＫクローズアップ現代・２０１４年１月８日（水）放送より】

このように、彼女が話す言葉には、「学ぶ意義」を思い起こさせてくれるものがつまっています。

また、パキスタンのお隣の国、インドに目を向けてみましょう。

インドでは、インド工科大学（ＩＩＴ）が優秀な人材を輩出しており、今や彼らは世界中から引っ張りだこです。

有名なグローバル企業がインドまで採用のためにやってきます。初任給から年俸数千万円を提示する企業もあるようです。そのため、ＩＩＴは、マサチューセッツ工科大学（ＭＩＴ）を超えたと評されることもあるくらいです。

ここには、ある背景があります。それは、インドにある身分制度「カースト」です。

インドのカースト制は法律上廃止されているのですが、実際には暗黙の了解の下、存続していて、就ける職業が限られてしまう環境にあるのです。

しかし、新しい職業である「ＩＴ」の分野に関しては、当然、カーストの縛りがないため、「学んで自分を高めたい」「成功したい」と強く願う人たちが、集まってきたのです。

それだけの、強い「学びの動機」が、エネルギーとなり、ＩＩＴからは優秀な人材が数多く巣立ち、ＩＴ業界において、インド人が大きなポジションを占めることになっているのです。

このように「学ぶ」ということが人生にとってより切実な環境にある人々を思うとき、その意味や目的が鮮明に浮き上がってくるのではないでしょうか。

日本でも〝学びたいのに学べない〟という現実が

日本国憲法は、「すべての国民は、法律の定めるところにより、その能力に応じて、ひとしく教育を受ける権利を有する」（26条1項）としており、国民が教育を受ける権利を保障しています。

そして、すべての国民がその能力に応じて、経済的な貧富の別なく、等しく教育を受けることができるように、国に、立法および行政において必要な施策を行わなければならないことを義務づけています。教育の「機会均等」が保障されているのです。

一般的に、「義務教育」といわれますが、私たち国民の立場から見ると、「一定の教育」を受ける「権利」があるということです。

その「一定」に相当するのが、小学校・中学校相当の教育です。

それ以上の水準の教育を求める場合は、さらに進学をする人も多いですが、学校教育を終え、社会人になった後でも、自己を確立していくため、あるいは自らをアップデートするために、学びは不可欠です。

一方、「はじめに」でご紹介したように、日本では、25歳以上の大学入学者の割合が1・9％と極端に低く、特に社会人の「学び直し」の割合が世界的に見て著しく低いのが実態です。

大学などで学び直しをしたいというニーズはそれなりにあるのに、環境が、それに応

えられていない状況なのだと考えられます。

今、日本で、社会人向けの学びの場というと、資格の学校やカルチャーセンター、大学のオープンカレッジや、自治体主催の生涯教育といったものがその受け皿になっていますが、最新の学問や技術を体系立てて本格的に学べる場はなかなかありません。

大学に入り直すとなったら、費用や時間などあらゆる面でかなりの負担となってしまうでしょう。

また、日本の多くの会社では、在籍年数が長いほど報酬が高くなるという実態が未だあることから、会社に勤めている人が働きながら自ら進んで（会社の研修などでなく）能力開発や学び直しをすることは、それによって職歴にブランクが生じ、処遇に影響が及ぶことになりかねず、二の足を踏むことになってしまうのは当然のことです。

社会人になっても「学びたい」「自らを高めたい」「継続的に知識のアップデートをしたい」「新たな夢に挑戦したい」「人生の可能性を探求したい」という思いを抱いている人に対して、社会は、その思いに応えられるような環境を用意するべきだと考えます。

それこそが、私たち一人ひとりの人生を充実させると共に、これから迎える社会にも対応できる知識を身につけ、ひいてはその発展にも寄与することにつながると思うからです。

〝学び〟には〝場〟が必要

もちろん、一人きりでも学ぶことは、可能です。

しかし、そこに仲間がいることによって、相互にさまざまな影響を受け、より深い学びが得られます。

仲間とディスカッションすることによって、自分の思考の殻を破ることができ、良い学びを得ることができるのです。

例えば、映画などはもちろん一人きりでも楽しめますが、誰かと一緒に観て、その後、さまざまな意見を交わすことによって、より深い解釈を得ることができたりもするものです。

私自身が経験してきた学校教育では、ひたすら先生の話を聴くことが多く、議論を通じて他者の多様な考えに触れる機会が少なかったことに、不満を感じたこともありました。

もっと、いろいろなことをその時々に話し合うことで、より充実した学びができたのではないかと、少し残念に思います。

皆さんは、松下村塾《しょうかそんじゅく》のことは聞いたことがあるかと思います。幕末期に吉田松陰《よしだしょういん》が主宰した私塾です。

松陰は身分や階級にとらわれることなく、広く人材を塾生として受け入れ、わずか1年ほどの間に、久坂玄瑞《くさかげんずい》、高杉晋作《たかすぎしんさく》、伊藤博文《いとうひろぶみ》、山県有朋《やまがたありとも》、山田顕義《やまだあきよし》、品川弥二郎《しながわやじろう》など、明治維新の原動力となり、後に明治新政府で活躍した錚々《そうそう》たる逸材を数多く輩出しました。

ここで驚くべきことは、地方の一エリアの中から、これだけの人材が生まれたということです。

私塾というと、先生が日々素晴らしい講義をしていて、塾生はそれをひたすら吸収して……という姿をイメージするかもしれません。

しかし、松下村塾で主に行われていたのは、松陰も加わっての活発な議論でした。松陰は、ある入塾希望者に対して、「教えることはできないが、君たちと共に学びたい」と言うほど謙虚だったそうです。

松陰が佐久間象山《さくましょうざん》宛に書いた文書の中でも、塾生の高杉晋作のことを「友人」と呼び、門下生や弟子といった表現は使っていませんでした。

松下村塾においても、教えるのではなく共に学ぶ、というその姿勢は変わらなかったそうです。

このような環境で、塾生たちは師である松陰も交えて、身分や年齢などによる上下関係などは一切捨て去り、自由闊達《じゆうかったつ》な議論を行ったのです。

優秀な人材が多数生まれた秘密は、ここにありそうです。

同様の現象は、薩摩の西郷隆盛《さいごうたかもり》の周辺でも起こっています。

かつて薩摩藩においては、郷中教育《ごじゅうきょういく》と呼ばれた、各地域で自発的に実践されたユニークな集団教育がありました。その最大の特徴は、なんと「先生がいない」というものです。先輩が後輩を指導し、同輩はお互いに助け合うという、「学びつつ教え、教えつつ学ぶ」スタイルだったようです。

この郷中教育を実践していた薩摩藩の加治屋町《かじやちょう》という、わずか200メートル四方のエリアから、西郷隆盛、大久保利通《おおくぼとしみち》、大山巌《おおやまいわお》、東郷平八郎《とうごうへいはちろう》、山本権兵衛《やまもとごんべえ》、村田新八《むらたしんぱち》、西郷従道《さいごうじゅうどう》など、その後の時代を背負い、大活躍する人材が多数輩出されているのです。

松下村塾でも、薩摩の加治屋町でも、現代風に表現すると、濃密なグループディスカッションが行われていた、といえるかもしれません。

優秀な人材が育つためには、優れた指導者（教師）がいることが条件ではなく、このような「場」があることがポイントなのではないでしょうか。

互いに「学び合う」ことが自らを高めることになるのです。

これは、現在の「ソーシャル・ラーニング」、あるいは「コミュニティ・ラーニング」といわれる学習方法の先駆けです。人を学びに向かわせ、学習効果を高めるのに有効なメソッドです。

そして、私は現在、このメソッドを生かした仕組みづくりに力を入れています。

学ぶことは生きること

ここまで、「学び」についてお話ししてまいりましたが、学ぶ意義というものを掘り下げるため、少し力んでしまったかもしれません。

冒頭で述べたように、私は教育者ではないので、大上段に「学ぶ意義はこうだから学ぶべきだ」という主張をしたいのではありません。

どちらかというと、学ぶということは、もっとカジュアルで気軽なものと捉えるべきだと思っています。

学ぶということの本質的意義というものは、もちろん認めていますし、そこをしっかり押さえるということは大切なことだと思いますが、

「学ぶということは、そんなに敷居の高いものではないし、こんなに楽しいものだよ。それに、こんなに簡単に始めることができるよ」

ということを、もっと世の中に対してアピールしていきたいという思いを強く持って

います。

その結果、人生を通して学び続けることを生活習慣の一部として始める人が増えてくれれば、本当に嬉しく思います。

学びを始めるきっかけは「学ぶ意義を理解したから」「大義に対して目覚めたから」というような高い志に裏打ちされたものばかりでなく、「何となく」「自分のやりたいことが見つからないから」、などという気軽なもので十分ですし、「仲間がいる場が純粋に好きで、そこに参加していること自体が楽しく、生きがいになっている」なんてことになれば、それは素晴らしいことです。

恐らくは、かの松下村塾も最初はそんな状況だったのではないでしょうか。

日々を生きるということは、良いことも、悪いことも含めて、すべてが学びです。

「生きることは学ぶこと、学ぶことは生きること」なのです。

私たちがこれから生きる日々は、これまでにも増して予測が難しいものになるでしょう。

技術の革新によってもたらされるものが、誰もが諸手をあげて歓迎できるようなバラ色の未来を作る、というわけでは必ずしもないかもしれません。

けれどもそこから目をそらし、逃げ回っていてもやがてそういう時代は訪れます。

それならば、できるだけ早いタイミングで近未来を想像し、準備することから始めましょう。次章で少し触れる未来の姿を、好奇心といささかの危機感をもって眺めてみていただきたいと思います。

そして、**やがて訪れる日々の出来事を、ワクワクするような体験に変えるのが「学び」なのだと私は信じています。**

詳しくは、第3章以降でお話しをさせていただこうと思いますが、より自然な形で学びに向かい、生活習慣として継続できるような仕組みをあらゆる年代の人たちに提供できるようにしたいと、私は考えています。

第2章
「何を」「どう」学ぶべきか？

AIは現代の「黒船」か？

第1章でご紹介した『学問のすすめ』が書かれたのは、明治維新の5年後の1872年から1876年のことです。

1853年のペリーの黒船来航を契機として、半ば強制的に鎖国政策は終わりを告げました。

欧米列強がアジア侵攻を図り、その植民地化を押し進めるのを横目に見ながら、国としての存続を目指して、日本が近代化を急いだ時代です。

それから150年以上の時を経た、現代の日本はどうでしょう。

グローバル化の波に大いに直面しているだけではなく、これまでに積み上げてきたさまざまな社会システムが金属疲労を起こしています。

今後は、AIなどの技術の進展により、さらに予測が難しい時代を生きていかなくてはなりません。

このＡＩに代表される技術は、福澤諭吉が生きた時代の「黒船」に見えなくもありません。

福澤は、黒船来航により需要が高まっていた砲術を学ぶため長崎に渡っています。

その後もオランダ語、化学、英語などを次々に学び、ついには、黒船（蒸気船）の護衛船、「咸臨丸《かんりんまる》」に乗船して渡米します。

黒船をいたずらに恐れるのではなく、ついには共に太平洋を横断するという快挙を成し遂げたのです。

私たちにも、ＡＩをやみくもに警戒するのではなく、それを「乗りこなす」ことが求められているのではないでしょうか。

現在、我々は、時代に左右されない普遍的な人間力をつける学びのプログラムを提供しようとしているのですが、なぜ、そのような内容のものを学ぶべきなのかを理解するためにも、次項から、ＡＩとＡＩがもたらす未来について少し見て行きたいと思います。

ＡＩの進化がもたらす影響

近年のＡＩの進歩は目覚ましいものがあります。

ＡＩとは、人間と同様の知的な活動をコンピューターに行わせる技術のことをいいます。

１９５０年代後半に研究が始まり、その後、６０年代に第１次ブームが起き、８０～９０年代半ばに第２次ブームが起きました。

しかし、この頃までのＡＩは、膨大な知識やルールなどを人間がすべて教える必要があったため、高度な推論や判断ができるまでに至らず、現実の社会で通用するレベルにはなかなか達しませんでした。

ところが、コンピューターの処理能力が飛躍的に向上した２０００年代に、大量のデータからコンピューター自身が物事を分類するルールを見つけ出す「ディープラーニング（深層学習）」という技術が急速に発展し、これが現在に続くいわゆる第３次ＡＩ

ブームのきっかけとなりました。

２０１６年3月、Ｇｏｏｇｌｅの子会社、ディープマインド社が開発したＡＩ、「アルファ碁」が、過去10年で最強ともいわれる韓国のプロ棋士との対局に4勝1敗で勝利したことは、世界に衝撃を与えました。

アルファ碁は、ディープラーニングによって膨大な過去の対戦パターンを学習し、〝経験〟を積んだことで、「どんな手がいいか？」という〝直観〟を持った人工知能に「育った」結果、チェスや将棋に比べてはるかに場面のパターンが多い囲碁の世界でも勝てるようになったのです。

ＩＢＭの人工知能「Watson（ワトソン）」はコールセンターなどに相次いで導入され、実際の社員教育への活用も始まっています。それが開発者向けにも公開されたことにより、さまざまなアプリの開発が加速化しています。

そして、文学賞の1次審査を通過するような小説を書くＡＩなども登場しています。

自然言語を理解し、膨大な専門知識を学習してデータとして蓄積するＡＩは、ビジネ

スの生産性を飛躍的に高め、質の均一化に寄与するものとして期待が大きい一方、人間の仕事が次々とＡＩに取って代わられてしまう事態が起こり得る、というわけです。

Ｇｏｏｇｌｅの創業者、ラリー・ペイジ氏もフィナンシャル・タイムズ紙が２０１４年に行ったインタビューの中で、人工知能の急激な発達により、現在、日常で行われている仕事のほとんどをロボットが行うこととなり、近い将来、10人中９人は今とは違う仕事をしているだろうと述べています。

また、

「テクノロジーは仕事の効率を10％向上させるものではなく、効率を10倍良くするものです。あなたの生活は今よりも劇的に良くなり、生活にかかるコストも信じられないほど安くなるでしょう」

「ソフトウェアが運転手やウエイター、そして看護師の代行をするため、仕事の需要は減っていくでしょう。特に高度なスキルを必要としない仕事は次の20年でどんどん少なくなる。だけど、まだ誰も心の準備ができていないように感じます」

とも語っています。

現在では、高度なスキルや知識を保有しなければならない職業とされている会計士や弁護士の仕事も、「膨大な処理能力をもとに答えを導き出すことのできるＡＩの得意分野だ」という研究者もいます。

人間の仕事を機械が代替すると、生産性は上がりますが、失業する人たちが増えていきます。

すでに、この現象は現実化してきており、生産性は上がっているのに、雇用が生み出されないという状況は今後も拡大していくと考えられているのです。

一方で、少子高齢化で働き手の不足に直面する日本にとっては、もしかしたら福音《ふくいん》ともなる事態かもしれません。

それでは、次に、どういった仕事が機械に置き換わってしまう可能性が高いと予測されているのかを具体的に見ていきたいと思います。

「消える職業」「なくなる仕事」

２０１１年8月に米国・デューク大学の研究者であるキャシー・デビッドソン氏がニューヨークタイムズ紙のインタビューで語った、

「２０１１年度にアメリカの小学校に入学した子どもたちの65％は、大学卒業時に今は存在していない職業に就くだろう」

という予測は、教育関係者だけでなく、多くの人々の間で大きな波紋を呼びました。

このインタビューそのものは、米国を対象とした内容ではあったものの、これだけグローバル化が進んでいる環境の中で、対岸の話とのんびりと構えていられるような状況ではないと考えるほうが自然でしょう。

考えてみれば、ほんの数十年前まで、ＷＥＢエンジニアやデータアナリストなどという職業はありませんでした。ＩＣＴ（「Information and Communication Technology（インフォメーション アンド コミュニケーション テクノロジー）」の略語で日本語では「情報通信技術」）化の進展に伴い、求められるスキルや働き方は大きく変化してきています。

英国・オックスフォード大学のＡＩの研究者であるマイケル・Ａ・オズボーン准教授らが２０１３年９月に発表した論文、『雇用の未来――コンピューター化によって仕事は失われるのか』の中で、「米国では今後20年で総雇用者の47％の仕事が機械化で奪われる可能性がある」ということを述べています。

これは、米国労働省が定めた７０２の職業を、手先の器用さ、クリエイティビティ、交渉力、説得力などといった項目ごとに分析し、それぞれの職業の10年後の消滅確率を割り出したものです。

つまり、ＡＩなどのコンピューターに取って代わられてしまって、「消える職業」や「なくなる仕事」を予測したのです。

以下は、この論文の中で、90％以上の確率で消滅するとした職業のリストです。

銀行の融資担当者

スポーツの審判
不動産ブローカー
レストランの案内係
保険の審査担当者
動物のブリーダー
電話オペレーター
給与・福利厚生担当者
レジ係
娯楽施設の案内係、チケットもぎり係
カジノのディーラー
ネイリスト
クレジットカード申込者の承認・調査を行う作業員
集金人
パラリーガル、弁護士助手
ホテルの受付係

電話販売員
仕立屋（手縫い）
時計修理工
税務申告書代行者
図書館員の補助員
データ入力作業員
彫刻師
苦情の処理・調査担当者
簿記、会計、監査の事務員
検査、分類、見本採集、測定を行う作業員
映写技師
カメラ、撮影機材の修理工
金融機関のクレジットアナリスト
メガネ、コンタクトレンズの技術者
殺虫剤の混合、散布の技術者

義歯制作技術者
測量技術者、地図作成技術者
造園・用地管理の作業員
建設機器のオペレーター
訪問販売員、路上新聞売り、露店商人
塗装工、壁紙張り職人

これらを見て、愕然とする人も多いのではないでしょうか。
一方、なくなる確率が低い、とされた職業は、以下の通りです。

レクリエーションセラピスト
最前線のメカニック、修理工
緊急事態の管理監督者
メンタルヘルスと薬物利用者サポート
聴覚医療従事者

作業療法士
義肢装具士
ヘルスケアソーシャルワーカー
口腔外科
消防監督者
栄養士
施設管理者
振付師
セールスエンジニア（技術営業）
内科医と外科医
指導（教育）コーディネーター
心理学者
警察と探偵
歯科医師
小学校教員

いかがでしょうか？　なくなる確率が高いものと、低いものの違いは、どこにあるのか、分かりますか？

仕事は、なくなるのではなく〝再構築〟される

消滅するかもしれない、あるいは、消滅しにくい、とされたこれらの職業の違いは、いったい何なのでしょうか。

一つの職業の中でも、機械に置き換えられやすい部分とそうでもない部分が混在しているような気もしますが、そうした疑問に答えてくれるレポートがマッキンゼーから出ています。

マッキンゼーは、アメリカの800種類の職業の中のタスク2000種類を、「専門性の適用」「関係者とのやりとり」「データ収集」「データ処理」などに分類した上で、それらが自動化できるかどうかを調査しました。

その結果、「同じ環境で同じ動作を繰り返す、予測可能な肉体労働」は機械に置き換えられやすい一方、同じ肉体労働でも**「予測不能な危険を伴うような肉体労働」**や、**「マネジメントスキル」「専門スキル」「コミュニケーションスキル」**などを要する**タスクは機械による置き換えが難しい**としています。

つまり、**臨機応変に対応することが求められるようなタスク**は、機械化が難しく、定型業務は機械に取って代わられやすい、ということですので、今後私たちが伸ばすべき能力は、機械による置き換えが困難な領域であることが求められます。

私が提唱し、提供している仕組みは、**人間ならではの能力を伸ばすものである**、と確信しています。

現在の教育は、世界的に見て１００年以上に渡ってほぼ変化がないといっても過言ではありません（やや大げさですが）。

日本においては、知的レベルとロイヤリティ（職務への忠誠心）の高い勤勉な労働者を大量に育成するという戦後の教育システムが、復興期から高度経済成長期に大きな役割を果たしてきたことは間違いありません。

けれども、もはやキャッチアップするべき先行モデルはなく、むしろ、「課題先進国」とまでいわれている状況を抱えながら、飛躍的にＡＩが普及し、コンピューターと人とのかかわり方が大きく変化していくこれからの時代に向けては、別の仕組みが必要なことは論を待たないでしょう。

どのような職業にも、機械に代替されやすい部分とされにくい部分の両方が入り混じっています。

定型業務の割合が多ければその仕事はなくなる確率が高い、ということに過ぎないのであって、なくなりそうだとされた職業に就いている人も、機械が取って代わることの難しい能力を身につけ、その領域で勝負することで、仕事を失わずに済む、ということもできるでしょう。だからこそ新しい学び方によって人間ならではの能力を高めることが必要なのです。

ちなみに、このレポートで90％の確率で自動化されるとした「宿泊施設・フードサービス」分野では、機械による代替の実例もすでにいくつか出てきています。

回転寿司の店では、オーダー端末の導入だけでなく、寿司職人の代わりに機械が寿司を握る店もあります。

また、２０１５年７月に長崎県のハウステンボスの近くにオープンした「変なホテル」は、「チェックイン・アウト手続きロボット」「クロークでアームロボットが荷物預かり」「手荷物はポーターロボットが部屋まで運ぶ」「顔認証によるキーレス」「メインスタッフもロボット」「廊下はルンバでおそうじ」「ＢＧＭに自動演奏ピアノ」「各部屋にロボット」といったように、多くのロボットが活躍しています。

とはいえ、セキュリティ監視やベッドメイクは、現時点では従業員が担当しており、仕事のすべてが自動化されているわけではないようです。

この多くのロボットが活躍する「変なホテル」は、２０１７年３月に千葉県・舞浜の２号店がオープンしました。今後、さらなる機械化を図った店舗が増えていくようです。

ある仕事がロボットや機械に代替されていくということは、技術的難易度やコスト、経営方針などのいくつかの条件が複雑に絡み合って、まだらに進んで行くことでしょう。

そのことからも、「職種」がまるごとなくなるというよりは、その仕事が業務やタスクごとに分解・細分化され、機械による代替可能性の高いところから順次代替され、やがて置き換わっていくことにより、その仕事自体の質が変化し、代替可能性の低い仕事同士が合体して、別の仕事になるなどの再構築が起きていくのではないかと考えられます。

国語を学ぶように、プログラミング思考を学ぼう

これまで見てきたように、日常生活のさまざまなシーンに、高度な処理能力を備え、知識を蓄えたコンピューターやロボットが相互に連携しながら入り込んでいく社会がやがて到来します。

ややもすると、ＡＩは警戒すべき存在というような論調が依然として強いかもしれませんが、そこから逃げるばかりではなく、しっかり使いこなし、上手に付き合っていくということも考えていかなければなりません。

「ビッグデータ」や「クラウドコンピューティング」など大量のデータをネットワークで集めて処理する技術の登場や、ネットワーク自体の高速化、そして、パソコンやスマホなどの情報通信機器に限らず、すべての「モノ」がインターネットにつながる、ＩｏＴ（Internet of Things）や大量の画像を高速処理できるＧＰＵ（Graphics Processing Unit）などの進化が、実はＡＩの実用化にも直結しています。

すなわち、これらを使いこなす上では、いわゆるプログラミング思考を持つ必要があるということです。

実際、政府も２０２０年から「プログラミング」を義務教育で必修化する方針を示しています。

ここで間違えてはいけないのは、義務教育でプログラミング教育を進めるのは、プログラマーになるための職業訓練ではない、ということです。

プログラミングは、これからの時代を生きていくために必要な基礎的な素養となるため、すべての人が国語を学ぶように、教育課程の初期段階でその考え方を学ばなくてはならない、ということです。

繰り返しになりますが、これからは、プログラマーという職業に就く、就かないにかかわらず、あるいは、プログラミングを必要とするその他の職業、例えば、エンジニアや研究者などの職業を選択しなかったとしても、プログラミングの基礎的な知識に基づく**「プログラミング思考」を持たずに生きていくこと自体が難しい時代**になる、ということなのです。

コンピューターは、人間のように「情」で動くことはありません。

一方で、疲れているからミスをするということもありません。

プログラムにバグがあったり、ハッカーによってプログラムが書き換えられたりすることによって動きが変わる、影響を及ぼすようになる、ということを理解し、そういう前提で物事を考えるという習慣こそ必要になってくるのです。

目には見えなくても、裏側で動いているコンピューターに起きている状況を理解し、類推できる能力は必須です。

さらに、

「生活の中のさまざまな問題解決にどのようにコンピューターを活用すれば、現実の社会を改善したり、豊かにしたりすることができるか？」という視点で物事を捉え、実行方法を考案し、現実世界に働きかけていくことができる人がこれから求められる人材です。

自分の目的を実現するための手段を体系的に捉え直し、分解し再構成するプログラミング思考に代表されるような論理的思考力と共に、実世界での応用とフィードバックを取り入れて改善していくような柔軟性や環境適応力を養う必要があるのです。

常に自分をアップデートしよう

さまざまな理由で仕事から離れ、その後、仕事の現場に戻ったときに、そこで使われている事務機器などの扱い方がよく分からず、困ってしまったという経験をお持ちの方もおられるかと思います。

特にパソコンなどを始めとするＩＴ機器に関しては、一旦乗り遅れると、知識の習得に時間がかかり、実務で活かすのが難しくなるものです。
仕事の現場に限らず、日常生活においても、新しいデバイスが出ているのは知ってい て、それが便利らしいことはわかっていても、何となく抵抗感があってなかなか乗り換 えられない、という方も意外に多いのではないでしょうか？

けれども、少し想像してみていただきたいと思います。極端かもしれませんが、10 0年前の日本人が現代の日本に放り込まれたら、いきなり仕事をすることなど不可能で しょう（そもそも、生活することさえもかなり難しそうです……）。
進化のスピードが速くなっている現代社会においては、新たなものが出てきたら、そ の都度キャッチアップをしておかないと、後からまとめて追いつこうとしても、その距 離は知らぬ間に拡大していて、追いつくのがどんどん大変になってしまう、ということ を肝に銘じておく必要があるのではないでしょうか。

時代が急速に変化している今、警鐘を鳴らす意味で、ここまでの話は、ＡＩとの共存 社会をイメージすることが中心となっていましたが、**どんなに時代が移り変わろうと、**

学びの真の目的は、自らのアイデンティティを確立することであり、それにより社会をよい方向に向かわせることです。

むしろ、ＡＩを意識した学びは、どこか、志望校を受験する際の、いわゆる「傾向と対策」に近い気がします。テスト勉強もときには大切ですが、テストに合格することが目的ではない、ということを忘れずにいたいものです。

最近、書店に行くと、いわゆる「大人向けの学習本」をよく目にします。中学数学や小学校で習う算数や社会をテーマにしたものなど、さまざまありますが、その中でも最も人気が高いのが「歴史」のようです。

山川出版社から出ている、一般の大人向けのある歴史シリーズは、累計販売部数が100万部を突破したそうです。

教科書の市場が少子化で縮小する中、これまで主に教科書をつくってきた山川出版社は、大人向けに編集し直して、新たに発売したとのことです。

学生時代、歴史は暗記科目といわれ、勉強はテストのためにただ覚えるだけで、その意味や時代背景をまるで推理小説のように想像してみるなどということは、全くなかったのではないでしょうか。

けれども大人になり、テストというプレッシャーから解放されて気持ちに余裕ができた状態だと、純粋に教科書を読むだけでも面白く感じられるものです。これこそ大人の特権といってもいいのかもしれません。

学生時代には妙に意識してしまっていた勉強を力まず楽しめるということは、それだけで素晴らしいことです。

余談になりますが、次章以降で詳しくご紹介する「ｇａｃｃｏ（ガッコ）」の記念すべき最初の講座も日本史でした。

歴史とは暗記、という常識を根底から覆すような内容のその講義は大変人気を呼び、その後も再開講を繰り返し、延べの受講者は3万人以上となっています。真の学びとはこのようなものだ、ということを感じた方が多かったのではないでしょうか。

こうした流れに目を付けて、「家庭教師のトライ」は、大人向けの学びのビジネスに参入しています。「大人の家庭教師トライ」の内容は、大人たちの「学びたい」という欲求に合わせ、語学や資格取得だけでなく、音楽やスポーツといった趣味の分野など多岐に渡っています。

また、立教大学は、２００８年から50歳以上のシニア向けリベラルアーツの場「立教セカンドステージ大学」を始めています。

大学側は、そこを単なる生涯学習の場ではなく、「学び直し」と「再チャレンジ」の〝プラットフォーム〟として考えていて、1年間、大学生と同じように日々大学に通い、体系立ててしっかりと学び、仲間たちと共にゼミナールに参加し、修了論文を作成するということを課しています。

そのプログラムを通じて新たな人と人のネットワークを形成し、社会参加の多様な担い手として生きていくサポートをするのが自分たちの役目だとしており、設立以来、毎期１００名程度の「アクティブシニア」が〝入学〟しているとのことです。

もちろん、「昇進や海外赴任のためには、ＴＯＥＩＣのスコアが何点以上必要だから勉強しないと」という理由での学びも、当面なくなることはないでしょう。

ＭＢＡ取得などを目指す社会人向けビジネススクールも、費用が大変高額であるにもかかわらず入学者は後を絶ちません。

このように、「人生を通した学び」にはいろいろな形態があり、学生時代の学びよりバラエティーに富んでいます。

ただ、どういった形であれ、人から押し付けられるのではなく、自発的であり、かつ、自らが社会で果たすべき役割に適応できるように、自らをアップデートするものでなければならないと思います。

普遍的に伸ばすべき能力

「学ぶ」ということの本来の意味は、自己を確立し、人間力を高めていくところにあるはずです。その学びの中で、普遍的に伸ばしていくべき能力を、私自身のこれまでの経験の中から、以下の5つにまとめてみました。

特に、仕事をする上で必要になるものと考えています。

①スマートリテラシー

例えば、新しい仕組みを作るには、その仕組みを構成する要素やその仕組みが及ぼす影響について、まず自らが理解している必要があります。

そうでないと、今までとは違う新しいやり方を想起することができません。

その上で、新しいことに対しての理解が十分でない人（通常新しいことをやろうとすると、そういう人たちのほうが大多数です）にも噛み砕いて説明し、相手の納得と共感を得て、さらには、具体的な支援や行動を起こしてもらう、という能力が必要だと感じています。そうした能力のことをクリエイティビティと呼ぶのだと私は思います。

これからは、ＡＩなどが登場する、いわゆる「超スマート社会」になるわけですので、何か新しいことをするためには、自らが「スマートネイティブ」であることが求められます。

「デジタルネイティブ」という言葉は、パソコンなどのデジタルデバイスを使いこなすことができる人というような意味合いで使われていて、かなり一般化しています。

一方、「スマートネイティブ」は、スマートデバイスとソーシャルメディア、クラウドが当たり前に存在する環境で、プログラミング思考で物事を考え、使いこなすことができる「スマートリテラシー」が高い人、と定義したいと思います。

と同時に、「クラウドでつながるということのリスクを理解し、未然にそのリスクを回避する方策を講じることのできる人」でなければなりません。

さらに、次なる世界に対する明確なビジョンを持ち、その時点で存在している技術を理解し駆使して、技術の進歩とユーザーのニーズの変化を見越して、そのビジョンを実現するようなイノベーションを起こすことができる、そんな人が求められていると感じています。

②問題発見力

世界のさまざまなレポートのいずれもが、これからの時代を生き抜くための条件として指摘しているのが、問題発見をすることができる能力です。

「どんなタイプの人がこういう能力を持ちうるか?」というと、私はズバリ、良い意味で「不平不満の多い人」であると思っています。

ただし、文句をひたすら言い続けるようなネガティブパワーを発散している人、ということではありません。

日常生活をただ漫然と過ごすのではなく、いろいろなことに興味や関心を持つアンテナの高い人は、「何だかおかしいな」というポイントを特に意識せずとも「つい」見つけてしまいます。

そして、それがどうしてそういうことになっているのか、気になって仕方がありません。

気になるから調べる、教えてもらいたくて人の話を聞く、ということになります。「知らない」ということに対して素直で、謙虚な気持ちを持っている、そんな人こそ問題発見能力が高いといえるでしょう。

これからの世の中は、「不満の多い人ほど、チャンスがある」といっても過言ではないとすら思っています。

③課題解決力

気になってしまったこと、見つけてしまった問題をそのままにできず、何とかしたい、そんな風に考えてしまいがちな「おせっかい」な人は、課題解決力が高い可能性があります。

解決には、これまでの問題を踏まえつつ、新しい発想やアイデアで、付加価値の高い方法を生み出すクリエイティブな能力が必要ですが、一方で、長い時間をかけてできあがってしまっているクラシックな方法を人はなかなか変えられないものです。

特に、そのやり方を踏襲することで恩恵を被る人がいたり、特定の人たちにとってある種の既得権益化したりしているような場合には、そもそもその人たちが大きな力を持っていることから、新しい方法を取り入れようとしても、その動きに対するいわゆる「抵抗勢力」のほうが強大になりがちです。

よくいわれるような、「構造改革」を必要とするような課題解決法がなかなか進まず、成果を上げにくいのは、多くの人にとっては不便なやり方であっても、力を持った少数の人たちには改革するメリットがない、と捉えられてしまうことが多いからです。

私の経験からもこのようなことは多くありました。

そういう場合には、そうした力を持った人たちが考えていることをまず探ることです。そして変えようとしていることのその先に何があるのか、それをやることが長期的にはその人たちにとってもメリットであることを具体的に説明し、さらに短期的に生じるかもしれないデメリットを相償《そうしょう》するような条件を見出し、粘り強く説得しながら、巻き込んでいくような「軟着陸」を考えることが極めて重要です。

混沌とした実社会では、受験勉強のような「正解は一つ」などということはありません。

知識や経験を総動員しても正解が見つからないこともあります。たとえ、分からなかったとしても、分からないまま、その課題に取り組み、落としどころを皆で見出し、少しずつでも前に進む、ということをしていかなくてはなりません。

これからは、多様性のある多くの人々を巻き込んで、一つの正解を見出すのではなく、よさそうな解決策をいくつか見つけ出し、それを試す順番とダメだったときに止める条件やタイミングを決めていくという能力が求められると思っています。

「集合知」とは、そういうことなのではないでしょうか。

④共感力

小さな何かを積み上げて、一つひとつ改善することはとても大事なことですが、世の中の環境変化が加速度的に進んでいる現在、さらなるスピードアップが必要になります。

今起きている波にうまく乗ったり、逆にその動きに逆らったりするには、世界中のいろいろな仲間の力を借りて、協力し合いながら、ムーブメントを起こしていく、というようなことが欠かせません。

特に、さまざまに綻《ほころ》びを見せている世の中を変えるには、立場や利害の異なる人々であっても、相互に相手に対する共感を生み出し、同じゴールに向かって、納得して足を踏み出させるような力が必要になるのではないかと思います。

そして、最近の日本が「不寛容社会」化しているといわれたりするのは、共感力の欠如からくるものなのかな、と感じています。

「許せない」と思うに至るさまざまな理由はあると思いますが、コミュニケーションスタイルの変化による影響も少なからずあるように思います。

メールやチャットなどの逐次型のコミュニケーションは、便利ではありますが、一方通行で、言いっ放しになりがちです。

「話せば分かる」と昔の人は言ったものですが、こじれて話がややこしくなる前に、直接話して相手の気持ちを慮《おもんぱか》る、という訓練が不足してきているような気がしています。

会って話すのはもちろんのこと、電話、ボイスチャット、ビデオチャットなどの同時型のコミュニケーションをもっと大切にしたいなと考えています。

⑤発信力

少し前の時代、つまり、終身雇用が前提で、かつ右肩上がりの数字目標を盲目的に追いかけ達成することが可能かつ正しいこと、とされていた頃は、「職場」というコミュニティがいわば「家庭」で、その構成員はおおよそ似たような人が集まった「家族」というような感覚の中で、組織は存在し運営されてきました。

毎年のスケジュールと目標は大体決まっていますし、家族ですから、普段何も言わなくても、大きな行事のためには一致団結して協力し合いながら進めるということが当たり前でした。

しかしながら、そういう時代はもはや過去のものです。

どんな時代がくるのかの予測も立ちづらく、かつてよりも多様なバックグラウンドや考えを持つ人々で構成された集団となった組織をつなぎとめ、一体感を持って運営していくためには、それ相応の手順を踏むことが必要になっているのです。

かつては暗黙のうちに共有されていた情報やビジョンを明示し、共感を引き出すというアクションを行うこと、つまり発信力が不可欠になりました。

私自身も、この発信力が足りないと人は動かない、ということを嫌というほど経験しています。

自分では発信しているつもりでも、受け取る側の多様性があればあるほど、伝え方を工夫しないと伝わらないのです。

伝えたい内容を明確にするだけでなく、相手に合わせて理解が進むよう、たとえ話をしたり、発信の時間や方法などを工夫したりして、何度も何度も同じ話をして、ようやく半分くらい伝わったかな、という実感を持つことも少なくありません。

時には相手に直接発信するのではなく、その人が納得して話を聴く別の人や手段を探して発信したりすることもあります。

今の時代、発信の方法は多様にあります。まず自らが発信することで、「同じことを考えている仲間」を見つけ、共に歩むきっかけになることも大いにありますので、ぜひこの発信力は身につけておくといいと思います。

以上の5つの能力は、何かの講座を学んだからといって、すぐに習得できるようなものではありません。

仕事での実践を含めた総合的な学びの中で、身についていくものです。

今の自分のスキルをしっかりと把握し、長所・短所を見極めた上で、５つの能力と自らのレベルを照らし合わせ、それらの能力を磨いていくといいと思います。

人生を通して学んでいく上で、クリアすべきポイント

ここまでで、人生を通して自らをアップデートしていくために学ばなければならない理由と、どのようなことを学べばよいかについては、ご理解いただけたのではないかと思います。

そしてここからは、実際にそれらをどのように学んでいったらいいかについて考えていきたいと思います。

私たちの学習環境は、それぞれに異なっていますが、特に社会人が学び続ける上では、クリアすべきポイントがいくつかあります。

普段、皆さんも、「仕事が終わった後に学校に行きたいけど、なかなか時間がとれな

くて……」「受講したい授業は、1コースで○○万円もするから、金銭的に無理……」というような会話をしているのではないでしょうか。

そういった、社会人が何かを学ぼうとしたときにネックとなる「阻害要因」を理解し、それを解消しなければならないのです。

「中央教育審議会生涯学習分科会企画部会（第二回）資料」によると、社会人の「学び」開始の阻害要因は、「**（1）費用、（2）時間・疲労、（3）学びへの不安**」であるとしています。

（1）費用についてですが、雇用保険に加入していて教育訓練給付金の対象者だったとしても、受講可能な対象講座は一部にとどまる他、給付金は学んだ後に給付されるため、開始時点で払い込む金額が手当てできないという事情があります。

また、民間のスクールの場合、ローンを組んだり分割払いをすることができないケースも少なくありません。

社会人大学院では一定の経験をもとに学ぶため、本来、そこでの学びが仕事での活用につながりやすい30〜40代は、子育てとの重複などからくる金銭的な負荷が過大となり、逆に利用率が低くなってしまっている状況があるようです。

(２) 時間・疲労について

(２) **時間・疲労**についてですが、勤務時間が長く学習時間が取れない、あるいは仕事による疲労で休日を学習に充てるのが難しいというような状況があります。

また、特に就職・転職を目的とした学びを検討している人の場合、現職の賃金・待遇・勤務環境に問題がある場合が多く、必然的に、貯蓄がない、または少ない、学習のための時間を捻出することが難しい、休日を休養以外に費やすことがつらい、という事態に陥りがちです。

社会人は、基本的には何らかの仕事、役割があるわけで、その中で何かを学ぶとなると、勤務後の時間や休日などを利用する形となります。

実際、どこかの学校に通うとなると、そこの時間割に合わせなくてはなりませんし、そもそも、どんなに早く（定時に）仕事を終えたとしても、業務終了後にどこかに通い続けることは、なかなか困難なことだと容易に想像がつきます。

となると、週末（休日）に開講している学校が選択肢に入りますが、通える範囲で自分のニーズに応え得る学校が見つかるかというと、これまた難易度は極めて高いでしょう。

（3）学びへの不安についてですが、学習での成功体験を持っていない人ほど、学びがより必要であるにもかかわらず、「どうせ自分にはできない」という思い込みが強く、不安が払拭できないというジレンマを抱えています。

また、就職後も、職場外研修の機会が少ないケースほど、業務上で学習成果を反映することが難しく、加えて周囲にも学びの実践者が少ないため、学習に伴う成功体験を持つロールモデルと出会う機会がないことから、さらに不安が募ります。

人は一人きりで学ぶことも可能です。しかし、相当に意志の強い人でない限り、長期間モチベーションを保ち続けることは難しいでしょう。

自己管理が徹底できる人は大丈夫かもしれませんが、大多数の人たちは、何か自分を後押ししてくれるもの、一緒にやってくれる人や学ぶ人が集う場などがあってこそ、「やってみよう」とか、少しめげそうになったときでも「頑張ろう」などと思うものでしょう。

また、一人だと、仮に徹夜したとしても、1日に24時間分しか知識は詰め込めませんが、いろいろな人と交流すると、相互に効率よく知識の交換ができます。加えて、他者のモノの見方を知ることで、多様な価値観を理解することができるようになるのです。

すなわち、「コミュニティ・ラーニング」が大事なのです。

『学問のすすめ』の第12編にもこのように書かれています。

「視察、推究《すいきゅう》、読書はもって智見《ちけん》を集め、談話はもって智見を交易し、著書、演説はもって智見を散ずるの術なり。然りしこうしてこの諸術のうちに、あるいは一人の私をもって能《よ》くすべきものありといえども、談話と演説とに至りては必ずしも人とともにせざるを得ず」

（観察し、推理し、読書をして知見を持ち、議論をすることで知見を交換し、本を書き演説することで、その知見を広める手段とするのだ。この中には自分一人だけでできることもあるけれども、議論や演説に至っては、他人を必要とする）

私は、コミュニティに参加し、そこでの議論や交流が楽しいから続けられた、続けていたら知らず知らずのうちに知識や技術がさらに身についた、見識が高まったというのが、学びの本来の姿だと考えています。ですから、「楽しく続けられる仕組み」を最も大切にしたいのです。

特に、社会人が学びを続けていくためには、これまで見てきた3大阻害要因を取り払った「場」が必要です。

つまり、

（1）費用負担を軽くする
（2）距離・時間の自由がきく学習機会の提供
（3）モチベーション維持

に留意した学びの場を作ることで、人は学び続けることができるのだと私は確信しています。

そしてこれが、ここまで述べてきた「人を学びに向かわせるための仕掛け」ということにつながるのです。

詳しくは次章で見ていきたいと思います。

第3章

「人生を通しての学び」の始め方

目からウロコが落ちた、新しい学びの形との出会い

なぜ、教育ということに縁もゆかりもない私が、「新しい学びの形の提案」をするに至ったのか、ここで少しご説明しようと思います。

私が民営化後間もないNTTに入社したのは、「これからは、通信事業が世の中の発展を支える重要なインフラになる。そこに入って、新しい技術を活用して、さまざまな産業の下支えをしたい。新しいサービスを作ることで、世の中の仕組みを変える仕事がしたい」という漠然とした動機からでした。インターネットが普及する前のことです。

その後の会社人生の3分の2は、大企業の「イントレプレナー(企業内起業家)」として世の中の仕組みを変える仕事をしたいと思い、自分で職場を選びながら(!?)、次世

代を担う新しい場と仕組み（＝プラットフォーム）を作ることを自分の仕事と決めて、さまざまな業界とかかわってきました。

「当てメロ」「メロディクエスト」「全曲報告システム」「ひかりサイネージ」……。これまで手掛けてきたサービスやシステムの名前です。

残念ながらうまく行かなかったのに、ネットを検索するとまだヒットして、ちょっと切ない気持ちになったりするサービス。

地味で一般には知られていないけれども、導入によって業界のワークフローが大きく変わり、何年も使われ続けているサービス。

また、私がこれは伸びる、と目をつけたものの、しばらくはなかなか注目されずにいたのが、ここ数年で急に活況を呈し始めたサービス、などさまざまです。

新しい仕組みや、やり方に人が慣れるのには時間がかかります。

ですので、新しいプラットフォームが軌道に乗るまでには、経験上少なくとも5～7年くらいを要します。

だからこそ、会社の通常の人事ローテーションに乗らず、そこに留まってでもやり抜く覚悟が必要でした。

一方で、当然のことですが、会社の仕事としてやる以上、収益を上げることが求められます。

自分がいかに、「これだ！」と思い定めた事業であっても、仕事としてやり続けるためには、企業内で評価され、続けることを容認してもらう必要があります。

収益を生むまでにかかる時間と、結果を出すまでに組織が待ってくれる時間の間尺《ましやく》の合わなさをどう埋め、その期間をどう耐え忍ぶかが新規事業成功の鍵、といっても過言ではありません。

それをどのようにやってきたか、というと、まず自分のやりたいこと、つまり登る山を決め、その使命に共感してもらえる仲間を見つけたのです。

その仲間が社内にいればいいのですが、私の場合は、むしろ社外の方々が「同志」となってくださいました。

「それなら自分のやりたいことと共通しているから一緒にやるよ」とか、「そのくらいなら協力するよ」という、無理のないレベルで、その方々の知識、人脈、時間を提供していただき、共通の目的に向かって動くための場やプロジェクトを組成し、一緒に実現していく、という方法を取りました。

一見すると遠回りのようですが、仕組みを変えるにはそのようなやり方を積み重ね、機が熟するのを待って一気に、というほうが結果的には良いようです。

学びの分野で新規事業を立ち上げるという役割を与えられた後、しばらくは納得できるやり方が見つからず、悶々としていたあるとき、大きな出来事がありました。

それは、東京大学の山内祐平《やまうちゆうへい》教授との出会いでした。山内教授は、アメリカですでに実践されていた〝Ｆｌｉｐｐｅｄ　Ｃｌａｓｓｒｏｏｍ〟という画期的な学習方法を**「反転授業」**と翻訳し、日本に初めて体系的に紹介した方です。

「反転授業」とは、まず、これまで教室で行われてきた「座学」に相当する、基礎知識に関する説明をデジタル教材やオンライン教材に担わせ、予習という形で宿題にします。

そして、従来は座学での説明を受けた後の宿題にされていた演習や応用課題について

反転授業（Flipped Classroom）とは

説明型の講義など基本的な学習を宿題として授業前に行い、個別指導やプロジェクト学習など知識の定着や応用力の育成に必要な学習を授業中に行う教育方法

これまでの学習　　**反転学習**

は、講師と、あるいは生徒同士でのディスカッション形式で、教室での授業において取り組むという学習形態のことをいいます。なお、学校教育における正規の授業以外での活用も視野に入れ、反転学習（Ｆｌｉｐｐｅｄ Ｌｅａｒｎｉｎｇ）という用語も使用されています。

この出会いは、私にとっては本当に衝撃的で、ほんの10分程度お話ししただけで、「ああ、私がやりたかったことはこれだ！」という確信を持ったのです。

それまでは、あくまで「仕組みづくり」としての観点から、新しい形の学びというものを考えていたのですが、この出会いが、

私に新しい目を開かせてくれることになったのです。

たとえるなら、ただ形としてあった仏像に、魂が入ったようなものでしょうか。

というのも、私自身が幼稚園から公立の小学校に入学したときの「違和感」や、会社に入ってからもずっと不思議に思っていた、「発言がない会議は良い会議」とする空気を生み出すものの正体が、数十年を経て、はっきりと理解できたからです。

その、私の持っていた長年の疑問とは、「なぜこんなにたくさんの人が一堂に会しているのに、黙って座っているだけなのだろう」というものでした。

つまり、小学校に上がったときに最初に行われることは教科の学習ではなく、「教室では、おとなしく座って、先生の話を静かに聴く」という「習慣」を身につけさせることなのだということです。

そして、そのやり方は大成功を収め、今の日本社会に根深く横たわっているというわけです。

日本の成長期を支えるという意味においては大変優れていた教育システムだったのですが、これまで見てきたように、これから訪れる変化に対応するためには、新しい学び方が必要であるということは、教育分野の専門家によって、ずいぶん前から研究・提唱されていました。

私は、教育研究の専門家ではありませんが、山内教授との出会いによって、長年企業で新規事業開発を手がけてきた実践者として、これまでにない全く新たな学び方を提供することで、より多くの人の「人生を通した学び」をサポートし、ひいては教育システムの改革の一助になろう、と心に決めたのです。

私はあるとき、先輩から、「君って触媒だね」と言われたことがあります。

私自身は、急激な変化や成長を遂げるわけではないのですが、人を集める場を作り、集まってきた人々と一緒に何かを始め、その動きをほんの少し加速させるというところに適性があるようです。先輩の言葉はそのことを気づかせてくれるきっかけになりました。

それ以来、私は意識的に「培地」としての場づくりと、化学反応を起こす「触媒」として出会いを演出することを自らの役割と思うようになりました。

私が今取り組んでいる「ｇａｃｃｏ」は、私がどうしても作りたかった、学び続ける人を応援するための「培地」です。

そして、そこに集まった人に化学反応を起こすための「触媒」としての新たな仕掛けづくりに注力しています。

「反転学習」のシステムも取り入れた新しい形の学びについて、次から具体的にご説明していきたいと思います。

孤独を感じない学びの場

今の時代は、それまでに習得してきた知識や技術の変化のスピードが極めて速い、ということを実感されている方も多いのではないでしょうか。

私自身も、昔学校で教わった内容がその後の研究によって根底から覆されていることを、最近になって知って恥ずかしい思いをしたり、技術革新によるトレンドの変化で、数年前まではメジャーだった製品が廃番になっていて、流行についていくのに四苦八苦したりしているのが実情です。

知識や技術を陳腐化させないためには、常に自らを学びによってアップデートし続けることがますます大切な時代になっていることを日々実感せずにはいられません。

一方で、そうした事態に対応するために、ずっと学び続ける人を応援するような潮流がインターネットの普及と共に、世界的に広がりをみせてきています。

それが「オープン・エデュケーション」といわれるものです。

オープン・エデュケーションでは、ウェブ上に教材や講義が無償で提供されていますので、インターネットにアクセスさえできれば、いつでも誰でも新たな学びを得ることが可能で、最新の知識や技術へのキャッチアップができるのです。

そのオープン・エデュケーションの中で、最も注目されている新しい取り組みが、「MOOC（ムーク）」と呼ばれるものです。

MOOCとは、Massive Open Online Courses の略で、インターネット上で誰もが無料で受講できる、大規模公開オンライン講座です。

講師は主に大学教員で、大学講義の短縮版のような形で、数週間で学べる学習コースが提供されます。

２０１２年、アメリカでは、スタンフォード大学、ミシガン大学、プリンストン大学、ペンシルベニア大学によって開設されたCoursera（コーセラ）、ハーバード大学とＭＩＴが中心となってスタートさせたedX（エデックス）、ジョージア工科大学やカリフォルニア州立大学などが立ち上げたUdacity（ユダシティ）などのＭＯＯＣのプラットフォームが次々に登場しました。

翌年には、世界中の人材獲得競争に遅れてはならない、ということもあって、イギリス（FutureLearn）、フランス（FUN）、スペイン（miriadaX）などでも相次いで、母国語でのＭＯＯＣプラットフォームが立ち上げられました。

プラットフォームごとに、コンテンツや仕組みは多少異なるものの、学習者は事前に登録し、スケジュールされたオンライン講義を学習します。そして課題や宿題などにオンラインで回答し、コース修了認定基準を満たすと修了証が交付される、というのが基本的な学習方法です。

このＭＯＯＣの潮流は世界的に拡大しており、今や５００校以上が講座を提供し、４０００万人以上が受講しているともいわれています。

世界最高レベルの講座を、欧米圏に住まずとも、また高額な費用をかけることなく、インターネット上で受けることができるＭＯＯＣは、さまざまな人々に恩恵をもたらしています。

モンゴルでは、当時15歳の少年が、先に紹介したedXでＭＩＴによる「電子回路」の講座を受講して満点を取得し、大きな話題となりました。

全世界にいるこの講座の受講生15万人の中で、満点を取ったのは、彼を含むたったの３４０名だったそうです。

彼は、高校卒業後アメリカの大学への進学を志望していたものの、経済的理由により断念をせざるを得ないと考えていたにもかかわらず、edXでの修了証を得た後に、ＭＩＴの受験を勧められ、学費免除で進学しました。

また、Courseraで学び、優秀な成績を修めたブラジル人エンジニアがアメリカのＩＴ企業に採用された、というような事例もあり、ＭＯＯＣがキャリアアップ、キャリアチェンジのきっかけになりつつあるのです。

ＭＯＯＣには、「有名大学の講義が無料で受講できること」「これまでのような一方通行のｅラーニングではなく、受講生同士がオンラインのディスカッションボード（掲示板）で教え合い学び合うことで、新たな交流が生まれること」「頑張った証として、テストやレポートの点数が一定のレベルに達すると修了証が発行されること」などの特長があり、ここまでに見てきた、「人生を通した学び」を行っていく上で、必要な要件をほぼ満たしているのではないかと思っています。

ＡＩに先を越されてしまうかもしれない不安を抱えながらも、予測不能な社会を生き抜いていくための能力を磨くためにどうしたらいいのか、という問いへの解として、私が目をつけたのが、このＭＯＯＣでした。

「ＭＯＯＣを日本に取り入れたい」、そう強く思いました。そして、私が立ち上げたのが、日本初のＭＯＯＣプラットフォーム、「ｇａｃｃｏ」です。

「ｇａｃｃｏ」では、海外のＭＯＯＣとの大きな違いとして、サービス開始当初から、インターネットを介したオンラインでの講義を受講した後、オフライン、つまり実際に担当講師や受講生同士と対面で交流を図ることで、楽しみながら学びをさらに深め、継続しやすくすることのできる機会を積極的につくってきました。

すなわち、先にご紹介した**「反転学習」を取り入れているのです。**


オンライン学習で一定の知識のインプットを行いながら、ディスカッションボードで、同じ講座を受講している仲間同士、あるいは担当講師とオンライン上の交流を通じて学びを深めていきます。

オンライン学習の最終課題として、学んだ内容をアウトプットするためのレポートが課されることも多いのですが、自分以外の受講生のレポートを基準に従って相互に採点し合うという「相互採点」方式を採用しています。

それは、他者の考えに触れ、さらに自分の考えとの違いを見つめ直す、「内省」を促す手段として有効と考えているからです。

また、学習の最終仕上げとして、「反転学習」の考え方を取り入れた有料の「対面授業」を可能な限り用意するようにしています。

そこに集まる人々は、年齢、性別、地域、職業など、普段属しているコミュニティとは全く関係がなく、「学び」のみが共通項です。

それまで、オンラインで交流を深めてきた仲間や講師が、直接交流することで醸成される「一体感」を、これまでの対面授業で何度も目にしてきました。

一人ではなかなか解けないような難問にグループでチャレンジし、多様な考え方に触れたり、自分とは違った視点を見出したり、という「知」の興奮を味わうことのできる新たなコミュニティです。

ここで生まれた「集合知」を、各人が属する他のあらゆるコミュニティを通じて社会に還元するという循環を作り出す活動こそ、私がこれからの日本に復活させたいと思っているものです。

対面授業などの実際の集まりは、コミュニティ形成が一気に進む貴重な機会です。

一方で、遠隔地にいる方は参加しづらかったり、会場の都合で人数を制限せざるを得なかったりするなど制約を受けることが多いのも事実です。

そこで、遠隔地にいてもまるでリアルなディスカッションに参加しているかのようなユーザー体験ができるオンラインのシステムが作れないかと考え、共同研究を推進していた東京大学のチームに提案して、一緒に開発したのがオンラインワークショップシステム「ｇａｃｃａｔｚ（ガッカツ）」です。

数百人〜数千人の参加者が、自宅にいながらにして、オンラインでグループワークを行い、ディスカッションをしながら共に一つの成果物を仕上げていくことで「集合知」を生み出すことのできる仕組みです。

これまでのｅラーニングのデメリットは、どうしても**孤独になりがちで継続しづらい**ことでした。

ＭＯＯＣでは、学ぶ人同士が交流しながら、**「他者の考えを知る機会」「意見が違う人同士が意見交換をし合える機会」**をつくり、**孤独感を感じにくい**状況で学習を継続することができます。

さらに、遠く離れたところにいてもグループワークができる仕組みを作ることで個々人が学び、知識をアップデートするだけではなく、学びという「共通項」を持った仲間と出会い、継続的に交流しながら、コミュニティを形成し、そこで生まれた「集合知」を社会に還元していく活動をサポートすること、それが、私がこれからの時代にふさわしい学び方と考えているものです。

さらに、すでにお気づきの方もおられるかと思いますが、前章の最後に見た、人生を通した学びを進めていく上での三つのポイント、**（１）費用負担を軽くする、（２）距離・時間の自由がきく学習機会の提供、（３）モチベーション維持**においても、「ｇａｃｃｏ」は非常に適した仕組みであるといえるのです。

教えない教室

「ｇａｃｃｏ」では、これまで、学校の教室で行われていた座学を、予習という形でオンライン講義に置き換え、教室では、事前に学んできた内容をグループ学習で発展させる「反転学習」のスタイルを推進しています。

この反転学習を学校教育に取り入れることで、生徒は事前に必要な知識をオンライン講義で学び、教室では、学んできた内容に基づき生徒が自発的に応用問題にチャレンジしたり、生徒同士がグループワークを行ったりすることができます。

これにより、生徒自らが能動的に学ぶ力を育てるために文部科学省が２０２０年度から小中学校に導入予定の学習指導要領改訂案（２０１７年２月公表）でも推奨している「主体的・対話的で深い学び」（アクティブ・ラーニング）を実践することができると私は考えています。


それに先立つ中央教育審議会（２０１２年8月28日）の報告書によると、「生涯にわたって学び続ける力、主体的に考える力を持った人材は、学生からみて受動的な教育の場では育成することができない。従来のような知識の伝達・注入を中心とした授業から、教員と学生が意思疎通を図りつつ、一緒になって切磋琢磨し、相互に刺激を与えながら知的に成長する場を創り、学生が主体的に問題を発見し解を見いだしていく能動的学修（アクティブ・ラーニング）への転換が必要である。すなわち個々の学生の認知的、倫理的、社会的能力を引き出し、それを鍛えるディスカッションやディベートといった双方向の講義、演習、実験、実習や実技等を中心とした授業への転換によって、学生の主体的な学修を促す質の高い学士課程教育を進めることが求められる。学生は主体的な学修の体験を重ねてこそ、生涯学び続ける力を修得できるのである」

（『新たな未来を築くための大学教育の質的転換に向けて～生涯学び続け、主体的に考える力を育成する大学へ～（答申）』Ｐ９）

とあります。

これからの時代は、教育の現場において、**「Ｔｅａｃｈｉｎｇ」と「Ｃｏａｃｈｉｎｇ」を分ける**ことが必要なのではないかと思います。

つまり、**先生の役割を変えよう**、ということです。

これからの先生は、教科の内容を「教育」するのではなく、生徒が興味を持って自主的に「学習」するのをサポートする、そういう役割になるべきだと考えています。

今の学校は、先生が「教科を教える」「ホームルームを実施する」「生活指導や部活の顧問を担当する」など、一人何役もこなすことが前提になっていて、教育現場は疲弊しています。

そこで、教育現場でも、反転学習を取り入れてみるといいのではないかと思っています。

つまり、教科内容について「分かる」ところまで導くのはオンライン教材に任せてしまって、先生は、ある程度の知識をつけてきた生徒がさらに進んで「できる」ところまで押し上げるファシリテーターに徹することによって、生徒が自ら学ぶ楽しさに気づくように仕向ける、という最も重要な役割を果たすことができるのではないでしょうか。

これまで、教育現場の方々のお話を聞くチャンスが何度もありましたが、共通の悩みは、**すべての教科に対して質の高い教員を揃えることができづらくなっている、**ということでした。

そういう状況に対応が可能なのも、専門性の高い講師によるオンライン教材です。

事前学習としてそうしたオンライン教材を活用し、教室では先生がファシリテーターとして、生徒の自発的な学びを促すことに徹することで、この問題の解決も図れるのではないでしょうか。

実際に、いくつかの学校ではそうした試みが始まっています。

東京工科大学のインターネットに関する授業では、「ｇａｃｃｏ」でも提供された慶應義塾大学・村井《むらい》純《じゅん》教授の「インターネット」というオンライン講義が事前学習用教材として活用され、大学の教員はそこからさらに発展的な議論のファシリテートを実施することで、アクティブ・ラーニングを実践しました。

ある高等専門学校では、事前学習教材として、慶應義塾大学・田中浩也《たなかひろや》教授の「３Ｄプリンターとデジタルファブリケーション」を採用し、オンラインで基礎的な部分を予習し、教室ではディスカッションなどの発展的な学習を対話的に行う反転学習を導入することでアクティブ・ラーニングを実践しました。

東京都立田園調布高等学校では、東京大学・本郷和人《ほんごうかずと》教授の「日本中世の自由と平等」のオンライン視聴と、その概念を下敷きに、明治時代の日本で活躍した人物にフォーカスし、新たに制作されたオンライン教材も使った反転授業を、先に触れた共同研究をしている東京大学のチームと共同で行いました。

具体的には、オンライン教材による事前学習をもとに、生徒自身が興味を持った人物についてさらに自分なりに調べた上で、ワークシートを用いながら、グループ内で発表するというものでした。

私も実際の授業を見学しましたが、1時限の授業の中で、これまでにない歴史の見方に基づいた、多様な意見を一度に知ることができる画期的な内容でした。

話を聞かせてくれた生徒の一人は、オンライン教材はスマートフォンで、気になるところはスクリーンショットを撮りながら何度も繰り返して視聴するという、なんともスマートネイティブらしい学習方法を披露してくれました。

この田園調布高等学校の事例のように、大学と高校の教員が連携し、高校生が大学レベルの教育研究に触れることのできる各種取り組みは、「高大連携」あるいは「高大接続」といわれます。

文部科学省も、このような仕組みが今後、生徒の能力・適性に応じた適切な形で、拡大を図っていくことの重要性を謳っています。

こうした取り組みを通じて、今後は教師の役割も変わっていくのではないでしょうか。自らが、多様化する「学び方」をキャッチアップすることで、それらの選択肢を生徒に示し、さらに生徒の創意工夫をサポートするのが先生の役割である、と再定義することが必要な時代になってきていると感じています。

我々の取り組みは、やがて学校教育を変えることもできると信じています。

第4章

生涯にわたる学習こそが、あなたの人生を豊かにする

充実した学びを通して自己実現しよう

皆さんの中には、今、実際に何かの教室に通ったり、仕事と並行して大学などに通ったりされている方もおられるかと思います。

現在の環境で、充実した学びを実践できているとすれば、それは大変素晴らしいことです。

さらに、**同時に二つ以上の仕事をすること＝「パラレルキャリア」を持つことも、報酬のあるなしにかかわらず、「学び」の実践となりますので、ぜひお勧めしたいと思います。**

このパラレルキャリアに関してですが、法律上は、「疲労が蓄積して本業に影響が出る」「本業と競業するような副業を営む」「本業の信頼を損なうような副業を行う」といったような場合に限って、「例外的に当該副業を禁止してもよい」、というのが本来の考え方です。

ところがこれまでは、厚生労働省が公開している「モデル就業規則」に「副業・兼業禁止規定」があったことから、各企業は一部の例外を除き、この規定に準じて副業や兼業を「原則禁止」としているところが多かったのです。

それが、政府が推進している「働き方改革」の一環として、この規定が見直され、「原則容認」へと１８０度方針が転換されようとしています。

今後は複数の企業で働いた場合の社会保険、残業、労災の扱いに関するガイドラインや、社会人の実践的なスキルをより重んじた学び直しのプログラムなどが策定される予定です。

パラレルキャリアを実践することによって、自分の物の見方や人脈を拡げることにつながるだけでなく、自分とは違う業界の商慣習や専門用語、業界用語を理解できるようになることから、言わば異業種間の「通訳」としての役割を果たすことができるようになります。

また、別の角度から自分の本業を眺めてみると、新たな問題発見につながることもあり、自分の本業での課題解決方法を、副業のほうで試してみることもできます。

複数の仕事を同時に経験することで、それらの関係性を考える習慣がつき、新規事業を考えつく可能性も高まるはずです。


そう考えると、パラレルキャリアは今後必要になるスキルを身につけるために2倍以上のチャンスを得ることが可能になる、とても良い方法だと思うのです。

もちろん、自らの「転職先」の拡大にもつながるので、これからの時代は、会社以外のコミュニティに属したり、違う仕事をしたりして自らのキャリアを積極的にデザインすることで、「働きながら学ぶ」「人生を通して学ぶ」ということを実践されてはいかがでしょうか？


現在の環境で、充実した学びや副業を実践している方は、是非、そのままその〝学び〟を続けていただければと思います。

あなたの今の学びが、きっとあなた自身の人生の充実と社会の発展に寄与することになるはずです。

けれども、もし、あなたが何かの理由によって、人生を通した学びに対して壁を感じている、あるいは、やろうと思って始めた学びがなかなか続かないと悩んでいるとしたら、先にご紹介した、日本版ＭＯＯＣの「ｇａｃｃｏ」を、始めてみませんか？

ここまで見てきたように、これからは、技術の進歩が加速度的に進み、変化を予測することが極めて困難な社会が待ち受けています。

その荒波に逆らうのではなく、軽々と乗りこなすためには、

「日常のちょっとした気づきを普遍化し、過去に学び、専門性をアップデートし続け、ＡＩなどのさまざまなテクノロジーを使いこなして、時代を切り拓いて行く創造性を発揮し続けること」

が必要です。

そのためには、まず、

（１）個人がそれぞれのレベルで興味や必要性に基づき最新の情報をインプットし、知識として定着させる

（2）共に学び合う仲間を見つけ、ディスカッションをしながら、相互交流を行う

（3）学びのコミュニティを形成しながら「集合知」を生み出し、社会へ還元していく

という活動をすることが大変重要です。

「ｇａｃｃｏ」の講座内容とそのシステムは、以上の3点を踏まえた上で、第2章でも触れた、学びを阻害する要因を極力クリアしたものとなっていると自負しています。

だからこそ、大規模な広告やプロモーションなどは一切せずとも、32万人（２０１７年2月現在）もの人が学ぶサービスに成長したのだと思います。

「ｇａｃｃｏ」の最初の講座は、東京大学・本郷和人教授の「日本中世の自由と平等」でした。

その後、慶應義塾大学・村井純教授の「インターネット」、続いて早稲田大学・栗崎《くりざき》周平《しゅうへい》准教授の「国際安全保障論」と立て続けに開講し、好評を博しました。

サービス開始から数えて、これまで、教養系、実学系、文系、理系などさまざまなジャンルで、１８０講座以上（２０１７年2月現在）を提供してきました。

「gacco」には、ビジネスパーソンがスキルアップやキャリアチェンジするのに役立つ実学系の講座だけではなく、教養系の講座も幅広く揃えられており、世代や地域を超えて誰もが無料で学び集うことができます。

例えば、社内で新しい役割にチャレンジしたい、新しいプロジェクトに名乗りを上げたい、キャリアチェンジをしたい、などと思っても目指す分野のスキルが足りないと感じるビジネスパーソンは、ぜひ「gacco」の実学系講座を受講して、スキル補完をしてくだされぱと思います。

加えて、先にもお話ししたように、グローバル市場においては、自国の文化や歴史を語れなければ、優秀なビジネスパーソンとは思われません。

一人の人間として、日本のことを自分の言葉で語ることができ、相手の国の文化を理解した上で適切なコミュニケーションが取れないと、ビジネスにならないのです。

すなわち、教養系の学びも、実学系の学び同様に不可欠だと考えます。

そしてもう一つ、教養系の講座を多く揃えているのには理由があります。

読者である大人の皆さんはすでにお気づきのことだと思います。これも先にお話ししたことですが、文学、歴史、哲学、宗教、音楽、科学、美学などの教養系の知識を学ぶことは、**純粋に楽しい**からなのです。「知」の冒険そのものといってもいいでしょう。

ちなみに私自身が「ｇａｃｃｏ」で学ぶ際は、あえて教養系を選ぶことが多いです。それは、**普段の仕事に、幅広い視野と潤いを与えてくれるだけでなく、物事と物事との関係性を発見したり、ひらめきをもたらしてくれたりする効用がある**と実感しているからなのです。

これから求められる人材とは、専門領域とそれ以外の関係性を考え抜き、そこから新しいものを生み出していく人です。「ｇａｃｃｏ」で実学系と教養系をバランス良く学んで、ワクワクしながら、思いがけないものを偶然に発見する能力、「セレンディピティ」をぜひ磨いてほしいと思います。

次に、さまざまな環境にある中、「ｇａｃｃｏ」に「入学」して、自己実現に向かわれている方の実際の声と事例をご紹介したいと思います。

人生を通した学びを実践している人たち

「ｇａｃｃｏ」は、先ほど例として少しご紹介させていただいたように、ビジネスマンが仕事で役立てるために利用していただけるのはもちろんですが、より幅広い人たちに向けて、学校を卒業しても必要に応じて知識やスキルをアップデートでき、終生に渡って伴走してくれるかのような存在、学校でも塾でもない、「サードプレイス」（第三の場所）としての存在でありたいと考えています。

実際に、自分の目的や生活スタイルに合わせて多くの方が活用してくださっています。これまでに開講した講座のほぼすべてを受講し、修了した「優等生」もいらっしゃいます。

ここでは、実際に「ｇａｃｃｏ」に参加されている方たちの声をご紹介したいと思います。

最初は、N・Hさん（60代・男性・自由業）のケースです。

「昨年3月末の『卒サラ』を決めたその一年前、私はgacco会員登録をした。大好きな日本史を本格的に勉強したいと、中世史の講座をまず受講。

図書館で専門書を借りてきたり、インターネットで分からない用語を検索したりと、40数年前の学生時代を思い出しながら、レポート作成した思い出は、今でもしっかりと記憶に残っている。また、未経験だったスクーリングのような対面授業には、胸躍る思いで、会場だった大学の門をくぐった。

究極のところ、gaccoでの学びは老いた私に適度な緊張感と、人生をもっと楽しくしようという意欲を掻き立ててくれるツールとなった。とりわけ、『デザインのまなざし』という講座の受講は、私の卒サラ後の『私の人生』のかじ取りにある決断をさせる結果になったほど、学ぶことが多かった。

あれもこれも、バラエティーに富んだ講座数の多さと、熱心な教授陣の幅広さに、今もほれ込んでいる」

次は、G・Tさん（50代・女性・教員）のケースです。

「今大学院生になる娘は母親の私とは少し違い、ファッションやデザインに興味があります。いったん就職を決めていたのですが、再度考え直し、大学院で服飾文化について研究をしています。いただいた内定を辞退するという話を聞いたときはずいぶん驚きましたが、研究に打ち込んでいる姿を見ると、こんなに一生懸命になれるものができてよかったなあと思ったりしています。

そんなある日、gaccoで、娘の専攻分野の講座を見つけました。早速、『服飾の歴史と文化』と『デザインへのまなざし』の講座2つを受講しました。いずれも娘の研究分野に近く、その考え方に触れることができる内容でした。

普段はあまり話をする機会もありませんが、この講座を受講したことで、受講内容について話しをする機会もでき、gaccoを通じて、親子の対話を実現しています。次は、息子の専門分野に関する内容を学んでみようかな、と思っています」

いかがでしょうか？　実際に「gacco」を〝第三の学び場〟として活用いただだい

ている人たちの声を聞くと、より具体的なイメージが湧いてくるのではないでしょうか？

本当にたくさんのさまざまな環境にある人たちが、自らの人生を充実させるべく、学びに取り組んでいます。

以下、さらに受講者の声をご紹介したいと思います。

「大学を卒業してからも、大学の教養科目のように、好きな分野を幅広く学び続けたい！　そして、できれば無理なく時間を有効に使いながら……。

そう思っていた矢先に、目に飛び込んできたのがｇａｃｃｏのオンライン講義でした。はじめて受講したのが、総務省が提供する『社会人のためのデータサイエンス入門』でした。そもそもデータサイエンスとは？　というところから、実際の統計表を分析するところまで、約１ケ月間かけて網羅的に学ぶことができました。

課題には少し、四苦八苦しましたが、他の受講者が投稿する掲示板のやり取りや参考書を参考にしたり、励まされたりすることで、無事に合格ラインを越えることができました。

修了証を頂けた時は『データサイエンスに対する知識を一つ深めることができたのだ』と達成感を感じることができました。

その後も、ｇａｃｃｏのオンライン講義をいくつか受講し、気づけば2桁の講義を修了していました。現在は、はじめて受講したオンライン講義の応用編にあたる『社会人のためのデータサイエンス演習』の最終課題に取り組もうと勉強をしているところです。

これからも隙間時間を生かしながら、学びの熱を冷ますことなく、ｇａｃｃｏを利用してゆきたいと考えています！」（20代・男性）

「私は以前から『脳科学』に興味を持っていたのだが、専門書を読んで自主的に学ぶという気持ちにまではなれず、詳しく知りたいと思いながらも、その機会を自ら作ることを躊躇し続けてきた。

しかし偶然にも、このｇａｃｃｏというサイトの存在を知った時に、茂木健一郎先生の脳科学に関する講座の開講案内があり興味をひかれた。しかも、ｇａｃｃｏでは、受講料が無料である上に、時と場所を自らが選択して自分のペースで学ぶことができるという美味しいことこの上ないシステムになっていたため、全くの初心者、門外漢でありながら『学んでみたい！』と思い初受講してみた。

結果は、受講して大正解だった。

興味深い内容に引き込まれ、多くの有益な知識を得ることができ学ぶことの楽しさを知った。課題のレポート作成では頭が禿げるかと思うほど悩んだり、評価の低さに自己嫌悪して落ち込んだりもしたが、掲示板で共に学ぶ人たちからの親切なアドバイスや優しい励ましのおかげで、最後まで頑張り通すことができ、学ぶことの大変さと達成感を得ることができた。また、講義内容に関連したこと以外についても、掲示板で様々な議論を交わすことができたおかげで、より多様な知識や情報、ユニークな視点や考え方を識ることができ、大変有意義な日々を過ごせた。

仲間と共に学べたからこそ、最後まで頑張れたし、独りでなら挫けてしまったかも知れないけれど、仲間がいたから頑張れた。掲示板を通して仲間との繋がりを感じ、また茂木先生も時折コメントを下さったことで、講座に血が通っているように感じられ、共に学ぶ意識を持って楽しく学ぶことができた。掲示板機能には本当に助けられた。

やる気さえあれば何とかなる。仲間と共に学ぶから頑張れる。

うまく書けなくて泣きながら仕上げたレポートに高評価をもらったときの、あの身震いするほどの喜びと高揚感を、私は一生忘れないだろう。学ぶことは、楽しいだけではない。必ず苦しみや辛さを伴う。けれど、その辛苦を乗り越えた先に待っているのは、心と身体に心地よい状態であることは確かだ」（30代・男性）

「今回ｇａｃｃｏで『幼児教育に新しい風を』を受講させて頂きました。海外で保育（継承日本語）に携わっております。日本での経験を活かしつつ日本の季節の行事を中心とした保育を行っていますが、現場にいたのは数十年前で、果たして今の保育は時代に合っているのだろうか？　という疑問が湧き、幼児教育を見直すためのものを探しておりました。

海外からのネット学習は、時差やその他の条件で中々むずかしいと思っておりましたが、ｇａｃｃｏの存在を知り、早速登録及び学習させて頂きました。

お知らせメールを受けながら計画的に学習することができ、レポート提出まで修了することができました。又、お互いに評価し合うというシステムも実際自分が行ってみて、他の学習者の取り組む姿勢も見ることができ、大変有意義に感じました。終了後の成績は達成感にもつながり、次の講座が楽しみになりました。

今回は、自分のキャリアを見直し、時代に沿った保育を！　という目標で学習させて頂きましたが、次は、保育とは別の事で、近い将来の計画に向けた学習講座も既に見つけることができ、申し込み済です。日本語での学習の場を与えて下さっている事に感謝しております。私自身には本当にピッタリです。これからも自分に必要な領域を探して、定期的に学習していきたいと考えております」（50代・女性）

「ｇａｃｃｏは、スマホを持ち始めてから、通勤途中の車中もあれこれと試すことで手離せないツールとなりました。ビジネス実務系からカルチャー系と立て続けに受講し、専門学校の講座も加わり、現在で25の講座を修了というヘビーユーザーです。

各講座も四択のクイズ形式やレポート形式であったりと、何しろ締め切りがあるため、プレッシャーはありましたが、４～5週で完結という点と各週時点での到達状況がグラフ化されているのが、続けていけるモチベーションを持続できた仕掛けに他なりません。締め切り間際のレポート提出では、車中およびお昼休みにスマホで文字を打ち続けるのは、骨の折れる作業ではありましたが、レポートの評価をいただき、プレゼンの機会を与えて頂いた時には、やはり無理してでも締め切りに間に合わせてやった甲斐がありました。

講座の内容もマネジメントから統計学、簿記、ＦＰと興味・関心は尽きず現在に至っていますが、各講座修了の次のステップとして、資格取得へと繋げて行ければと考えています。

また、学習上Evernoteを使うことで、ノートに書き込むこともほぼ無くなり、いつでもどこでも空き時間を利用して取り組める利便性も堪能しています。

定年後の次の進路に繋げて行ければと思います」（50代・男性）

「私は中学生の子を持ち、フルタイムで働く主婦です。自身のスキルアップのために学びたいとは思うものの、仕事や家事、育児で時間もお金も贅沢にかけられないため、ｇａｃｃｏは隙間時間を捻出して自宅で学べるところが助かっています。

自ら学ぶ姿を子どもたちに見せることで、『勉強しなさい！』というより『お母さんも勉強してるから、この時間は一緒に勉強しよう！』と言えるようになりました」（30代・女性）

「勉強をする時に、本を読むより、絵を見て学ぶ方がよい。絵よりも動画の方がさらに理解しやすい。ｇａｃｃｏに参加して、半世紀ぶりに大学の授業を受けた。しかも一流の教授達から熱意溢れる授業が聞けた。嬉しくて多方面の講座を受けた。この結果、19枚の修了証を貰っている。今現在も受講中である。

日本中世の自由と平等、大航海時代の日本、江戸文化入門、中国古典に見る指導者の条件等の文系の分野やビジネスパーソンのための会計入門、ファイナンス戦略、会計プロフェショナル入門などの経済分野、統計学１：データ分析の基礎、社会人のためのデータサイエンス、データサイエンス演習など統計処理分野、ＩＴの基本、情報セキュリティ『初級』、今後始まる『はじめてのＰ』などＩＴ分野、いままで正式に習っていない分野の講義がきわめて興味深い。また新しい分野である人とロボットが共生する未来社会、３Ｄプリンターとディジタルファブリケーション、究極のナノマシンを作るなど、知りたい講義が次々と出てくる。こうした講義が、一流の教授の講義が自宅のパソコンに向き合うだけで、80歳の年寄でも受けられる。しかも無料で受けられる仕組みがｇａｃｃｏの仕組みである。

データサイエンス演習を学んで、エクセルの新しい機能を初めて知った。また政府統計データの窓口である（e-Stat）のことも学んだ。会計プロフェショナル入門で上場している各社の有価証券報告書『EDINET』が電子開示システムとしてインターネットを通じて、パソコンで簡単に入手可能であることを初めて知った。いずれも今後、役に立ちそうな情報である。今後ともｇａｃｃｏと共に色々な新しい知識を学びたいと思っている」（80代・男性）

「ｇａｃｃｏ」受講者の年齢層は幅広く、下は10代から上は90代までいらっしゃいます。皆さん、自分の目的や生活スタイルに合わせて、「ｇａｃｃｏ」での学びを楽しんでいらっしゃいます。

現時点においては、「ｇａｃｃｏ」は公的な教育機関でも、資格制度でもありません。それでも、アンケートで、何人かの方から、「ｇａｃｃｏ」で学んだことで実際にキャリアチェンジやキャリアアップにつながった、というお声をいただきました。

例えば、こんなケースです。

「ｇａｃｃｏで４つ目に受講した『インタラクティブ・ティーチング』が私にとって、人生のターニングポイントでした。『聞くだけの授業は終わりにしよう』というキャッチコピーと、東京大学で対面授業が行われるという魅力にひかれて、受講しました。オンライン講義を受講し、『教育ってやっぱり面白い』と忘れかけていた夢を思い出し、対面授業も勢いで応募しました。

対面授業では、オンラインで学んだことの実践や6分間の模擬授業がありました。模擬授業は苦手でしたが、先生が温かく見守ってご指導していただけたので、挑戦的な模擬授業を行うことができました。そのフィードバックは、大変厳しいものでしたが、愛情を感じました。『若手の教員の教育力の向上に、こんなにも熱心にしていただける』と感じました。

この講座がきっかけで、私は民間企業に就職していましたが、退社しました。そして、教員への道を歩き出しました。

ｇａｃｃｏを知らなくて、インタラクティブ・ティーチングと出会っていなかったら、私は教員への道は諦めていたと思います。だからｇａｃｃｏは、私の人生のターニングポイントであった。人生が変わったと実感しています」（20代・女性）

「今の時代、大学を中退するとなかなか就職が難しいですが、ｇａｃｃｏを受講しているというアピールも活かすことで、知識への貪欲な姿勢を買われ、無事就職することができました。就職活動にもｇａｃｃｏは活かせると気付かされたのも『オープンエデュケーションと未来の学び』を受講したからこそだと思います。私は、現在22歳ですが、27歳までには起業をするという夢があります。より多角的なアイデアを生み出せるよう、これからもｇａｃｃｏを受講し続けるつもりです」（20代・男性）

「事務職で転職を考えているので、まずは日商簿記三級の資格を取ろうと、ｇａｃｃｏで勉強を始めました。携帯でどこでもいつでも手軽に勉強できるので助かっています。講義も分かりやすいです。社会人になって講義というものを受けるのが久々なのでとても新鮮で楽しいです。ネット上で課題を解いてその場で採点して貰えるのもとても楽で良いです。『何かしなきゃ』と思い続けていたけれど、ｇａｃｃｏを始めたことにより生活にメリハリがついて充実しています。やっぱり頑張っている自分が好きだなぁと思います。資格取得まで頑張ります！」（30代・女性）

このような声をいただくと、本当に嬉しく、やりがいを感じます。我々がやっていることに間違いはないのだと、自信を深めることができます。そして、さらに多くのさまざまな環境にある人たちの役に立てるように、精進していかなくてはならないと決意を新たにしています。

また、ここで講座を担当していただいた講師の方々の声もご紹介してみたいと思います。

「今だからこその江戸美術」の講座を担当していただきました、大妻女子大学・高山《たかやま》宏《ひろし》教授の声です。

「ディスカッションボードは、予想以上に質疑応答のレベルが高く、盛り上がっていたことに大変驚いた。アクティブラーニングが受講者自ら自発的にできていたことはすばらしいと思った。講師等からのメッセージにも反応があり、受講者の思いを知ることができ、非常に有意義であった。ディスカッションボードの運営を支えてくださった受講生に感謝したい」

次に、「統計学Ⅰ、統計学Ⅱ」の講座を担当していただきました、東京大学・竹村彰《たけむらあき》通《みち》教授の声です。

「ｇａｃｃｏ講座を開設したのは、日本では諸外国と比べて統計教育が遅れており、ＭＯＯＣの仕組みでたくさんの受講生が学べることは意味が大きいと考えたからだ。掲示板などで、一般の受講生がどのようなところでつまずくのかがわかり、大変有意義な時間だった。また、対面授業で学ぶ意欲の高い受講生と出会えてよかった」

そして、「アンコール・ワット研究 ―『人間』を考える総合学問としての新地平―」の講座を担当していただきました、上智大学・石澤良昭《いしざわよしあき》教授と丸井雅子《まるいまさこ》教授の声です。

「大学で行っている講義、シンポジウムなどに来られない遠方の方にも見ていただけてよかった。熱心な方が多く、掲示板で活発な議論がされており、講座の隅から隅まで見ていただけたのは、やりがい、励みになった。

ｇａｃｃｏには、大学だけではなく、（資金的にも）来日が難しい東南アジアで活躍しているNGOなどの機関を援助し、現地の活動の様子を講座にして提供できるように支援していただけたらうれしいと思う」

このように、講師側も「gacco」に参加することに大いなる意義を感じていただいているようで、非常に嬉しく思っています。

自分にとっての学びが、社会のためになる

なりたい自分というのは、社会の中で、こういう役割を果たしたいという願望と一体のものです。

子どもに「将来何になりたい？」と聞くと、「運転手さん」「野球選手」「お医者さん」「お巡りさん」「花屋さん」「学校の先生」などと、職業で答えます。

これらの職業に共通するのは、子どもの目線からでも見えている、あるいは子どもが参加している社会の中での役割が明確で分かりやすい、というものです。そこには、

「自分が持っている力を使って、共同の場（社会）で何かをして、そのことで人に喜んでもらうことが嬉しい」という感情があります。

これは、「困っている人を助けたい」「世の中のためになることをしたい」という意識にも通じるものです。

いわゆる、「志」といってもいいでしょう。社会を支えるものは、結局はこのような人間の根源的な感情です。

ところが、人は成長する過程でさまざまな経験をすることによって、自分の能力の限界を知ることになります。頭の中で考えていたことが、そのまま現実の世の中で実現できるものではないということを学ぶにつれ、子どもの頃抱いていたような、なりたいものの姿はだんだんにぼやけてきます。

複雑化している現代社会において、自分と、社会が求めている役割（職業）とをアジャストすることがより難しくなってきているようにも感じられます。

世界を見回すと、なりたいものがあっても、それが困難な状況に置かれているところは多くありますが、日本では、そもそもなりたいものが何であるのかを具体的にイメージすることすらできなくなってしまっている人も多いように感じます。

「なりたいもの」が何であるのかということを探求するという行為は、自分のアイデンティティを確立することそのものです。「自分は人生で何をやりたいのか？」「自分の適性とは何か？」を追求すること＝「学ぶ」ということです。

自分を見失ってしまったとき、そこで呆然と立ち止まったり、やみくもに自分探しを始めたりするのではなく、学び続けてみてください。

学びが深まることで、やがて自分の適性や能力を再発見し、どのようにしてこの社会に当てはめていくのかということを見つけ出し、きっと良い意味で折り合いをつけていくことができるようになるはずです。

人類がこれまで積み重ねてきた知恵や、歩んできた歴史、または先人（偉人）たちの生き様などを知り、ＡＩなどの普及がもたらすこれからの世の中を見通し、仮説設定をしながら解き明かしていこうとする姿勢や習慣こそ、自分の適性を知り、アイデンティティを確立する（志を立てる）ための手がかりとなるのです。

自分のやっていることが、いわゆる「天職」だと最初から思える人はあまり多くはないでしょう。

けれども人生を通して学び続けることにより、新たに「天職」に出会うだけでなく、自分の今いる場所が「天職」だと気づく、あるいは「天職」にしてしまうことも不可能ではないと私は思っています。

私はずっと、「世の中のためになる仕組みづくり」を一つの大きな志として活動してきました。そしてその中で、自分の適性を知ることになりました。

それは、私自身は、急激な変化や成長を遂げるわけではないのですが、人を集める場を作り、集まってきた人々と一緒に何かを始め、その動きを加速させるということです。

そして、そうした活動をやがて「天職」だと思えるようになりました。

そして現在、私が携わっている「ｇａｃｃｏ」は、そういった私の志を貫く中で見えてきた適性をもとに生まれたといっても過言ではありません。

社会を構成するあなたが、生涯を通して自分を高めることは、そのまま社会のためになります。志を抱いた人が、その実現に動くことによって、世の中は活性化するからです。

社会の発展とは、そういう意識に目覚めた人たちが起こすムーブメントがやがて大きなうねりとなってもたらされるのだと私は考えています。

志の大切さを説く人は、吉田松陰などを始め、古来より多くいましたが、「gacco」でも「経営（マネジメント）入門」の講義をしてくださっている、グロービス経営大学院経営研究科研究科長の田久保《たくぼ》善彦《よしひこ》氏は、「志」を立てることの重要性を次のようにおっしゃっておられます。

「もちろん志を意識しなくても生きていくことはできます。
しかし私は、志の成長を通じて、より実りの多い人生を歩むことができる可能性が高まると信じています。
なぜなら、個々人の志の成長は、（中略）社会にとっても新しい価値をもたらす可能性が高いものだからです」（「東洋経済ＯＮＬＩＮＥ」２０１４年３月４日）

より多くの人々が学び続け、その夢や志を育むことは、やがて社会に新しい価値をもたらすためのエネルギーになります。

そこで必要になってくるのが、そのエネルギーを生み出すための「発電機」、そしてそれを蓄えておくための「蓄電池」の役割をする、「人が学びに向かい、交流するための環境」です。

「ｇａｃｃｏ」は、その役割を充分に担うことができるものと考えています。

できることが増える喜びを味わう ～人生の閉塞感を突破する第三の学び場

これまで、さまざまな理由で学びに対して壁を感じていた人も、ここまでにご紹介した方法であれば、人生を通した学びに対する取り組みを始めるきっかけになるのではないでしょうか。

人間というものは、本来、知識欲、好奇心、そして自らを高めたいという向上心を持っています。また、人とつながりたい、かかわりたいという思いも当然あります。さらにそれを社会に還元して世の中を良くしたいという「志」を持っているのです。

どんな環境にあっても、こういった思いを満たすことができるのが、「学ぶ」ということです。

実際に、学ぶことによって能力が向上したりスキルが身についたりすると、仕事や人生においてできることが確実に増えることになります。

スポーツでもゲームでも、やり方を学び身につけることによって、より楽しむことができるようになるのと同じことです。

車の運転も、やり方を学べば、どこへでも行けるようになるだけでなく、運転そのものをドライブとして楽しむことができるようになります。

設定や操作が面倒な携帯・スマホ・パソコンなども、扱い方を学べば、それこそ、一口では語れないほどの大きな世界が広がりますし、もちろん、それらを使うことによって、たくさんの楽しみが生まれます。

また、直接何かの役に立つという種類のものでなくとも、好奇心の赴くまま学ぶことによって身についた知識が、多角的に物事を見る助けとなり、価値観を変えることにもつながります。

つまり、いかなる形の学びであっても、現状を打ち破る一つの大きな助けとなるのです。

すなわち、学びを始めることによって、「自己実現」への一歩を踏み出すだけでなく、現代社会の漠然とした閉塞感を打破するきっかけになると感じています。

先に少し触れましたが、「サードプレイス」（第三の場所）という言葉があります。自宅や職場とは別の、心地のよい第三の居場所のことを指し、社会学者のレイ・オールデンバーグ（Ray Oldenburg）の著書『The Great Good Place』で提唱されたものといわれています。

スターバックスも経営戦略として、サードプレイスのコンセプトを重要視しており、単にコーヒーを飲むためだけの場所ではなく、心地よい時間を過ごせる場所として店舗開発をしているのです。

皆さんもご経験があることだと思うのですが、読書でも勉強でも、職場や自宅ではなかなか進みませんが、スターバックスのような場所、いわゆるサードプレイスで行うと、なぜか非常にはかどるものです。

最近は、「スタバで勉強していたら、店を出ていくように言われてしまった」という人もいるようですが、先にも述べましたように、「ｇａｃｃｏ」は、学校を卒業しても必要に応じて知識やスキルがアップデートでき、終生に渡って伴走してくれるかのような存在、学校でも塾でもない「第三の学び場」、新しい形のサードプレイスたらんとしているのです。

とはいえ、人生においては、そのライフステージごとに学びだけでなく他に頑張らなくてはならないこと、夢中になることがたくさんあります。

そんなとき、心ならずも学びから遠ざかってしまったとしても、安心してください。「ｇａｃｃｏ」はずっと皆さんに寄り添っています。

気づいたときにまた戻ってきて学べばいいのです。そんな学びのサードプレイスが「ｇａｃｃｏ」なのです。

「人生を通した学び」を実践して、どうぞ人生を切り拓いていってください。

「学歴」から「学習歴」へ

このように、学びを継続することで、自分の人生を切り拓いていく人を応援するために、今後、我々は「学習歴」の可視化に取り組みたいと考えています。

どういうことかというと、病院の「カルテ」や「検査結果」「お薬手帳」などのことを考えてみると分かりやすいかもしれません。

かつては、自分の身体の状態を表すカルテやそれを改善するための薬の情報は、病院やクリニックのもの、という意識が患者にもあったのではないでしょうか。

けれども、セカンド・オピニオンが一般的になってきたことから、２００５年４月１日より個人情報の保護に関する法律（個人情報保護法）が施行され、法律に基づいてカルテ開示を求めることができるようになりました。

薬の服用履歴や、既往症、アレルギーなどの情報を記載して、薬の危険な飲み合わせや副作用を防ぐことを目的に導入された「お薬手帳」ですが、ドラッグストアなどで購入した薬などを含め、患者はその薬の効き目や体調の変化を自分で記述することが推奨されています。さらに2016年4月には、お薬手帳を利用すれば医療費が安くなるよう診療報酬が改定されました。

医療の世界で起きている、**「自分の情報は自分で管理」**という流れが、やがて学びの世界にもやってくるはずです。

これまでどんな学習をしたか、という自分のログ（記録）、つまりレポートやノート、配布資料だけでなく、教師からのコメント、読んだ本、参加したセミナーや受けたテストの結果などは、そのとき通っていた学校のものではなく、「自分のもの」という意識を持つことが必要です。

「学び」にかかわるすべての記録をデジタル化して残し、可視化し、自分で管理することにより、学生自身が自己を客観的に見つめ直し、意識していなかった気づきを得たり、次に解決すべき課題やその方法が明らかになったりするという効果があります。

自分の生涯に渡る「学びの記録」は、自分の財産です。

それを自分で管理し、必要に応じて活用・公開しながら、キャリアビルディングをしていっていただきたいと思います。

教師にとっても、「eポートフォリオ」ともいわれる、可視化された学習過程を見ることができれば、テストでは測れない学生の能力や成長を多角的に評価できるというメリットがあります。

日本以外の諸外国では、大学への入学が一度の試験で決まる、ということはほぼありません。

その人の学習履歴や学習態度、〝人となり〟を総合的に見てくれる人の推薦によって入学が決まることが多いのです。

そうした海外の教育機関との間で人材の流通が今後どんどん起きることが予想されている中、日本においても、「学習歴」はますます必要になるでしょう。

もちろん、今の「学歴」による評価がすぐに、「学習歴」による評価に取って代わられるわけではありません。

素晴らしい学歴を有している人は、その時点で確かに努力をし、優秀な成績を修めたことの結果なので、学びを継続し、知識やスキルをアップデートし続けることのできる「潜在力」を持っている、といえるでしょう。

一方で、学歴だけでは、その人がその後変化している時代や環境にふさわしい知識やスキルを現在身につけているかどうかは、わかりません。

もちろん、さらに学校に通って卒業したり、試験を受けて資格を取得したりすれば、学んだ結果を客観的に証明することは可能です。

けれども、それが可能な人は限られていますし、公的な資格が存在しない学問分野も多くあります。そこで海外との相互互換性のある評価軸としての「学習歴」の普及を後押ししていきたいと思っているのです。

殊に、「ｇａｃｃｏ」は、海外のＭＯＯＣとは違って、企業によって設立されたプラットフォームですから、企業における採用や人事評価への学習歴の活用、つまり、「ｇａｃｃｏ」の修了証の価値を高めていく活動を今後さらに積極的に推進していきたいと考えています。

L^3（エル・キューブ）プロジェクト

「ｇａｃｃｏ」は、今後、現在の社会人メインのオンライン学習からさらに進化して、本当の意味でのＬｉｆｅｌｏｎｇ　Ｌｅａｒｎｉｎｇ（生涯学習）をサポートできるプラットフォームにパワーアップしたいと考え、新しい試みを始めました。

プロジェクトの名前は、Ｌｉｆｅｌｏｎｇ　Ｌｅａｒｎｉｎｇの、三つのＬをとって、「L^3（エル・キューブ）プロジェクト」とつけました。

ＭＯＯＣで培ってきたプラットフォームの機能と、さまざまな教育事業者が提供しているメソッドやコンテンツを組み合わせて、新しい学習スタイルを実現するパッケージサービスを、さまざまなパートナーの皆さんと一緒に提供していきます。

その第１弾が、幼児教育のパイオニア、「こぐま会」の創始者、久野《くの》泰可《やすよし》先生のＫＵＮＯメソッドと、それらをＩＣＴプログラム化している「こぐまなびプロジェクト」とのコラボレーションで実現した、「ｇａｃｃｏ ｄｅ こぐま会」です。

教育投資に対する収益率は就学前の幼児期がもっとも高い、という研究結果もありますので、今後の日本の成長を考えたときに、この幼児期の教育は極めて重要だと思います。

特に、昨今の教育論で大変脚光を浴びている、**「非認知スキル」、つまり「自信」「やる気」「協調性」「粘り強さ」「忍耐力」「計画性」といった社会的な動物としての人間のスキルは、知能とは関係なく、就学前教育にきちんとしたプログラムを提供することで高めることができるといわれています。**

オンラインを活用して、たくさんの子どもたちとその保護者の皆さんに、より良い教育を受けることのできる機会を増やしていきたいと考えています。

さらに、この幼児教育分野については、子育て経験のある方の社会進出や社会復帰のサポートまでを視野に入れていますので、さまざまな方々と協力体制を作り、実現に向けて本格的に取り組んでいくつもりです。

「ｇａｃｃｏ」の受講者は、学びの意欲とＩＣＴを使いこなすスキルが高い方々です。その皆さんのお子さんやお孫さんにあたる世代、つまり将来を担う次世代向けの新しいプログラムには、きっと関心を持ってくださるのではないかと考えています。

また日本で培われた質の高い幼児教育のプログラムは、急成長する諸外国でも大変注目度が高いことから、インターネットを使ったオンライン学習の強みを生かしてグローバル展開をしていきたいと考えています。

今後、「^{3}Ｌ（エル・キューブ）プロジェクト」では、この幼児教育をスタートとして、子どもから大人、さらにはシニアの活躍を後押しするような「学び直し」にいたるまで、「ｇａｃｃｏ ｄｅ シリーズ」としてどんどん提供していく予定です。

オンライン学習を主体とした学校

「リメディアル教育」という言葉が最近頻繁に聞かれるようになりました。

「リメディアル」とは、「改善の」あるいは「補習の」という意味の英語ですが、大学教育を受けるために必要な基礎学力を補うために行われる補習教育のことをいいます。「初年次教育」という言い方もされますが、大学教育を受けられる状態で入ってこない学生、つまり、学力が著しく不足している学生を支援するために、大学側が実施するものです。

大学レベルの教育機関は、広い教養に加え専門性の高い知識を有している人材の養成が求められているのですが、残念ながら大学に入ってから、再度高校以下のレベルに立ち戻り教育をしなくてはならない状況にあり、高校までの教育の「質保証」の必要性が議論されているところです。

また、高校教員と大学教員が連携して教育活動を積極的に進める「高大連携／高大接続」という動きも広がりを見せています。

オンライン教材を活用した高大連携の取り組みは、高校教員の負担を減らしながら、大学レベルの教育へのスムーズな移行を可能にする方法として、今後さらなる拡大が期待されます。

今後、日本の大学は、少子化のあおりを受け、かつてのアメリカの大学がそうであったように、補助金などに頼らない企業的なモデルを導入することがますます必要になるでしょう。

すなわち、学生からの授業料だけに依存したモデルからの脱却が課題です。

そのためにもオンラインの教材やシステムの活用は一つの解決策になると考えています。

我々も、いくつかの大学と連携して、今後そうしたモデルを実践するべく準備を始めています。

また、企業から見ても、リメディアル教育が必要になっています。

企業が欲する人材を輩出する役割を、必ずしも既存の大学や大学院が担えなくなってきているということです。

一方で、産学による共同研究や連携講座などが盛んに行われています。

「ｇａｃｃｏ」も「ｇａｃｃａｔｚ」も、東京大学との共同研究の成果です。

こうした産業界のニーズに合わせた研究や教育をさらに進展させていくことが、グローバル競争力のある人材の育成には必要です。

そのためには、企業に内在しているさまざまなアセット（資産）を活用して、産学のさらに密な連携を可能にする枠組み、つまり培地を作っていきたい、そう考えています。

参考になりそうなのは、2014年9月にサンフランシスコで設立されたミネルバ大学です。

授業はすべてオンラインで行われ、学生は世界中にいます。

さらに、カリキュラムのかなりの部分で、インターンシップなどによって社会経験を積むことに重きを置いています。

日本でもこうした仕組みを採用し、インターンシップに関しては、産業界との幅広くて密な連携で実施することができれば、学生にとっても企業にとってもメリットは大きいはずです。

さらに、驚くべきことに、このミネルバ大学は、授業がオンラインであるにもかかわらず、なんと全寮制なのです。

学生寮はサンフランシスコ、ロンドン、ベルリン、ソウルなどの世界の主要都市にあり、学生たちは、それぞれの寮を転々としながら共同生活を送ることで、さまざまな価値観を学ぶことができるのだそうです。

「gacco」も大切にしている、「オンライン×リアル」のブレンドが、グローバルレベルで実践されているミネルバ大学の取り組みには大変注目しています。

そして、今後、我々も日本でこうした「オンライン×リアル」のスクーリングと、実践的なインターンシッププログラムを掛け合わせた学校づくりのムーブメントをサポートしていきたいと考えています。

寺子屋再生プラン

私は、より多くの人に、学びの機会を提供するべく、さまざまなプランを常に考えているのですが、その中の一つに、「寺子屋再生プラン」というものがあります。

江戸時代の日本は、庶民の就学率、識字率が共に世界一だったといわれています。

武士階級はほぼ100%、庶民でも男子は約50%、女子でも約20%は読み書きができたようです。

江戸における就学率は70～80%、庶民的な長屋に住む子どもでも手習いへ行かない子どもは男女ともほとんどいなかったという記録もあるほどです。

同じ時代のイギリスの大都市の就学率は20～30%、下層階級の識字率は10%程度ともいわれています。

そうした状況を支えていた江戸時代の教育制度は、基本的には武家と庶民向けにそれぞれ独自に発展していました。

武家には、その立場にふさわしい文武の教養を習得するための「藩校」があり、庶民には、日常生活を営むために必要な「読み」「書き」を教わるための「寺子屋」があったのです。

藩校と寺子屋は江戸時代後期、特に幕末にかけて著しい発達を遂げ、やがて融合しながら、明治維新後の近代の学校の主要な母体となりました。

庶民の教育を担っていた寺子屋には、特に注目すべき点があります。

藩校がそれぞれの藩の武家階級の子弟に対する半ば義務教育的なものであったのとは対照的に、寺子屋は、庶民自身の主体的な熱意で自然発生した世界的にも稀有なものだったともいわれています。

その起源は中世末期にまで遡り、幕末には江戸や大阪だけでなく、地方の小都市、さらに農山漁村にまで多数設けられ、全国に広く普及していました。

明治時代に極めて短期間に全国に小学校を開設することができたのは、寺子屋の普及がその基礎にあったことが大きな理由ともいわれます。

寺子屋の教師は「師匠」、生徒は「寺子」と呼ばれました。

僧侶や神職、武士や医者が師匠である場合もありますが、そうでなく一般庶民が師匠兼経営者というケースが最も多く、「手習い」といわれる読み書きに加え、幕末頃にはそろばんなども教えていたようです。

この寺子屋を現代にも再生させられないかと、私は考えています。

特に、その名の通り、地域のお寺や神社を再び学び場として活用できたら、と思うのです。

Ａｍａｚｏｎで販売されるようになった、法事や葬儀への僧侶の派遣などを定額で行う「お坊さん便」は、伝統的な仏教会からの反発を買う一方で、利用者からは一定の評価を得ているようです。

江戸時代から続く檀家制度の限界が生んだ新しいサービスともいえるわけですが、お寺というもののあり方を考えさせられます。

現在では葬儀や法要を行うことが役割になってしまったお寺などが、古来より持っていた地域の核としての役割を、もう一度復活させるためには、子ども向けの学び場として開放することが有効なソリューションになるのではないかと私は考えます。

教える内容は、「現代の読み書きそろばん」ということで、英語やプログラミング、ネットの使い方などの情報リテラシーなどでもいいかもしれません。

師匠つまり先生はどうするか、ということですが、もちろん、お坊さんや神主さんでも構いませんし、定年を迎えたシニアの方々などの出番も大いにありそうです。

さらにいえば、現代の師匠は、教えなくてもいいとすら私は考えています。

「Ｔｅａｃｈｉｎｇ」は、生徒の理解度や進度に合わせたオンライン教材に任せて、師

匠は「Coaching」に徹し、寺子屋を「反転学習」による「アクティブ・ラーニング」の実践の場としてはどうでしょうか。

そもそも、江戸時代の寺子屋では、年齢の異なる者同士が必要に応じた内容を、一つの部屋で一緒に勉強する究極の個別指導、専門的にいうと「アダプティブ・ラーニング」が行われていたのです。

ですから、現代の師匠も、その豊富な人生経験を生かして、ファシリテーションや進路指導、人生相談などを行うという新しい寺子屋を作ってはどうでしょうか。

こうした試みは、学童・保育所不足の解消に一役買うだけでなく、多世代参加型のコミュニティの再生と、知恵、記憶、技のスムーズな継承という側面でも期待できるのではないかと考えています。

「ことはこび」を学ぼう

コミュニティ再生と「知」の継承が最も深刻な課題となっているのは、いわゆる「地方」です。

戦後の混乱期、その後の高度経済成長期に「ものづくり」を担ってきた地方ですが、高齢化、もの余り、グローバル化など、さまざまな環境変化による影響を受け、危機的な状況に瀕しているところも少なくありません。

その地方をもう一度元気にしよう、日本の再生と成長は地方から、というコンセプトから始まったのが「地方創生」です。

国も、地方創生担当大臣という国務大臣のポストを作り、内閣の直下に作られた「まち・ひと・しごと創生本部（通称：地方創生本部）」を所掌《しょしょう》させ、さまざまな施策を実施しています。

こうした流れを受け、「地方創生によって、ものづくり大国日本の復活を目指そう！」と声高に叫ぶ人が多くいます。

けれども、行き過ぎた物質礼賛主義の反動や高齢化などの影響もあり、昨今では「断《だん》捨離《しゃり》」や「ミニマルな暮らし」などが話題となり、むしろ生活のダウンサイジングが課題になっているのが現状です。

そのような状況の中、ものづくりだけではもはや立ち行かなくなっているのではないかと私は感じています。

「ｇａｃｃｏ」でも「地方創生」に関する講座を多数開講しています。

地方創生の本格的な事業展開に必要な人材を育成し、輩出するため、実践的な知識をオンライン講座で提供し、必要に応じて実地研修を行うなどの「学習プログラム」です。

これからの地方に必要なのは、これまでのような「ものづくり」にとどまらず、さらに**作ったものの良さや生産者の心をストーリーと共に伝え、その「もの」に適した流通経路やオペレーション、雇用などの仕組みまでを包含した「エコシステム（生態系）」を作り上げることです。それを、私は「ものづくり」に対比して「ことはこび」と呼びたいと考えています。**

「ことはこび」は、地方を元気にする仕組み＝エコシステムですから、単に何かを作るだけにとどまりません。

生産の後の工程、つまり「発信」「共感形成」「販路開拓」「流通整備」などなど、多くのシステムを遅滞なく動かし調和させることが必要です。

そのためには、事前の段取りや全体最適の実現が不可欠です。

地域プロデューサーと呼ばれる特定少数の誰かが理解するだけではなく、その重要性や手法を、関連するすべての人々や組織が理解し実践することができなくてはエコシステムの構築は実現できませんし、さらに存続していくことはより困難です。

だからこそ「学習プログラム」の提供による全体のレベルアップが求められるのだと考えています。

日本においてはインフラの老朽化とそのメンテナンスコストの増大が顕著になってきていますが、作って終わり、ということでなく、時間の概念も加えたトータルコストで判断できる、つまりエコシステム全体を設計・実現・運用できる、「ことはこび」人材の育成が急務です。

このような学習プログラムによって、今後多くの人たちが、「ことはこび」を担うことになるでしょう。

「ことはこび人」たちが、持続性のあるエコシステムを地方に作り出し、そこで生まれた「もの」を、オペレーションの概念や手法とともに「こと」として、東京などの大都市を経由せずに直接海外マーケットに発信し、事業化する、「グローカル（グローバル＋ローカル）化」を進めていくことを願ってやみません。

第5章

どんな環境にあっても、充実した日々を送るために

すべては自分次第（意欲次第）

ここまでお読みいただき、ありがとうございます。

中には、「そうはいっても、自分にはできないな……」「そもそもパソコンもスマホも持っていないし、設定も面倒だからな……」と考えている方も、いらっしゃるかもしれません。

人が現状を変えようとするには、大きなエネルギーが必要ですので、何かを始めようとするときに腰が重くなってしまうということも、よく理解できます。

特に、ご家庭にＷｉ－Ｆｉなどのネット環境がしっかり整っていない場合、また、仮に整っていたとしても、パソコン操作に全く慣れていない人の場合、そのハードルに挑むのは、想像以上にストレスがかかるものです。

しかし、「案ずるより産むが易し」というように、物事は事前にあれこれ思い悩んでいても、ほんの少しの勇気と行動力をもってすれば、実際はそれほど難しくないものです。

人は、実際の行動に移す前に、あれこれと思い悩む時間がどうしても長くなってしまいがちです。

人は1日のうち約2時間、何かを思い悩んでいるという調査結果もあるようです。

つまり、1週間で14時間、成人してからの一生で考えると、なんと約5年分にも相当することになります。

悩んだ末に行動に移すというのであれば、悩んだ甲斐もあるのかもしれませんが、ただ悩むだけで何の行動にも移さずにいると、悩んだだけ時間の無駄になってしまいます。

行動に移した後、仮に思っていたような結果を得られなかったとしても、考えただけ（悩んだだけ）で終わるより、ずっといいのではないでしょうか。

世の中で、いくら素晴らしい学びの場が提供されていたとしても、そこに誰も参加しなければ意味がありません。つまり、皆さんの学びの実現のためには、前提として少しの勇気と行動力が必要になってくるのです。

また、子育て、介護などに忙殺されている方は、ただでさえ戦争のような毎日の中で、そこからさらに、自らの学びのための時間を確保しなければいけません。意欲はあったとしても、継続的な学びを行っていくのは、ハードルがさらに高くなってしまうのは確かだと思います。

そんな人には、私自身の体験談が役に立つのではないかと思いますので、次にご紹介させていただきます。

与えられた、人生のプロジェクト

結婚式から1週間後、新婚旅行で滞在中のホテルに実家の父からＦＡＸが届きました。母がくも膜下出血で倒れた、という知らせでした。

幸い一命は取り留めましたが、重い後遺症が残りました。病院でトイレに行っても帰ってくることができない「見当識《けんとうしき》障害」、聞いたり話したりしたことなど直近に起きたことを忘れてしまう「記《き》銘力《めいりょく》障害」に加え、前頭葉と側頭葉の中間が出血したために、予定を立てたり段取り良く生活することができない「高次脳機能障害」と診断されました。

簡単にいうと「認知症」のような症状で、サポートなしに生活をすることが困難な状態になってしまったのです。

療養型の病院でのリハビリを終えた母は、中途障害者向けの施設への通所を開始しました。

家族が、ようやく要介護者のいる状況にも慣れ、それまでとは違う生活のペースが軌道に乗ってきた頃、ちょうど母の発病から2年が経った父の誕生日でした。母を連れて家族で久しぶりに出かけたバースデーパーティーの席上で、今度は父が突然倒れました。救急車を呼び病院に搬送されましたが、蘇生することはなく、そのまま亡くなりました。

父の突然の死後、夫の同意を得て、私が母を引き取ることになりました。

家を建て直し、あらゆる介護サービスを組み合わせ、仕事をしながらの母との同居生活は10年ほど続きました。

２００８年に、再び自宅で母が倒れたため、自宅介護を諦め、病院や老人介護施設などを転々とした後に、介護つき有料老人ホームに入居してもらうことになりました。

私は仕事終わりや週末に訪問し、できるだけ一緒に過ごしましたが、病状は徐々に悪化し、再び入退院を繰り返すようになりました。

２０１２年、ようやく空きの出たケア型の病院に移ったものの、１ヶ月ほどで帰らぬ人となりました。こうして17年に渡る私の介護生活は終わりました。

この長期に渡る介護の経験は、私の働き方、生き方に大きな影響を及ぼしたと思っています。

働きながら母の生活を快適にするために私が心がけたことは、**まず「場」を作り、次に「仕組み」を整える**、ということでした。

そしてこのとき学んだのは、私一人が頑張っても事態は好転しない、ということです。

私ができることは、まず母が可能な限り快適で、病状を悪化させないようにしつつ、私が働き続けるための仕組みを作ることでした。

次に、それがきちんと機能しているかをチェックし、問題が起きる予兆を早めに掴んで予防的措置を講じるために、スタッフィングを変えるなど、いわゆるＰＤＣＡを回すことでした。

つまり、それは仕事と全く同じ構造で、私はこの介護を「プロジェクト」と位置づけることで、外部の力を借りることや、会社での自分の仕事との時間配分をすることに罪悪感を持たずにいることができるように意識的にコントロールしたのです。

ちょうど法人営業部門の管理職になったばかりの頃だったので、介護に関しては、長期のプロジェクトを「受注」してしまったのだな、と考えることで、プロジェクトマネージャーとしての実地研修を毎日家で行っているようなもの、と前向きに考えることができるようになりました。

もちろんそこには夫を始めとする家族の多大なるサポートもありましたが、母との生活は、私の仕事力を大幅に増強してくれる貴重な機会でした。

日本では仕事をしながら介護をしている人が、２９０万人（２０１３年総務省が発表した「就業構造基本調査」より）、介護離職をする人が、年間10万人と推定されています。

厚生労働省では介護休業制度などの周知徹底を図り、企業でもさまざまな支援制度を設けていますので、フル活用して離職だけは避けていただきたいな、と思っています。

一方、支援施策を活用して働き続けたとしても、なかなか思うようなペースで仕事ができないことにイライラしてしまう、ということは避けられません。

その心のコントロールがとても大事だと思います。私が実践してきた考え方やちょっとしたコツを次にご紹介させていただきます。

これは、介護だけでなく子育て中の方にも応用可能なものだと思います。

また、社会人が「学び」を行っていく上でも参考になるものではないかと思っています。

「人生を通した学び」のためには、しっかりとした人生計画、タイムマネジメントなどが必要になってくるからです。

充実した人生を歩むための「5か条」

もしあなたが、子育てや介護、その他の事情で、まさに忙殺されるような日常を送られている中で、さらに、学ぼうとされているとしたら、本当に頭が下がります。

「gacco」は、どんな環境にある方に対しても、そのニーズに応え得るものだと思っていますが、学びを仕事や介護などと両立させていくというのは並大抵ではないと、私自身、経験者としてよく理解できます。

そこで、私が編み出した、人生計画の立て方「5か条」をご紹介させていただきます。

参考になれば、非常に嬉しく思います。

①登る山を決める

これは、直近でやりたいことというより、自分がどちらの方向に行こうとしているのかについて（自分の人生のテーマについて）具体的なイメージを持つ、ということです。

好きなこと、興味のあることでもいいですし、逆に「これは賛同できない」という、登らない山を決めるのでも構いません。

ちなみに私は、会社に入っていくつかの仕事を経験した後に、「このやり方はなんか変！」「もっといい方法はないのか」という日常の気づきとそれを解決する新しい方法を世に問い、創り出すことを〝自分の登る山〟と決めました。

社会的課題の解決につながる仕事を自分の人生のテーマに据えたということです。

こういう山をターゲットにしていたからこそ、その後、何度異動しても、その部署での業務と自分の登る山との関係性を見つけ出し、実践することが可能だったのだと思います。

②10年先に何をしていたいかを具体的にイメージする

仕事でも介護でも、目先でとても大変なことがあると、心が折れそうになります。

そんな中でも、10年後にどんなことをしていたいかを考え、そこから逆算して今やっておかなくてはいけないことのために、時間や気持ちを取っておくことがとても大切です。

私は常に、10年後、自分がどんな立場でどんなことをしているかについて、かなり具体的に、しかも何パターンも「夢想」してきました。

もちろん考えていたようにはならず、夢のままで終わったこともたくさんあります。

それでも考えてきたことのバリエーション、というレベルにはなっているような気がします。

そもそも人間は、自分で想像している以上のことはできないと思っているので、できるだけ具体的に想像し、それを実現する方法についてもシミュレーションするようにしています。

それをするのは、通勤の電車の中だったり、湯船に浸かっているときだったりとさまざまですが、もはや「クセ」になっているので、それほど苦にはならないどころか、むしろ楽しい時間です。

自分の人生を自分でデザインする、という意識を持つことで、運も縁も引き寄せられるような気がします。

③将来助けてくれそうな人と今のうちに出会っておく

10年後をイメージしたときに、何か一緒に仕事をしたいな、と思うような人と今から積極的に出会う努力をし、ここぞ、というときに連絡を取れるような関係を作っておくということもとても重要だと思います。

その人の人となりを理解するのに、それなりの期間が必要ですし、ある程度の期間を経た知り合い、あるいは友人という関係があってこそ、人は困ったときに助けてくれるものです。

行きたい方向にいる人というのは、その先にどんな道があるのかということや、必要な装備や仲間についてすでに知っていて導いてくれる、登山のときのシェルパのようなものです。

ちなみに私は、相談を受けて自分が直接的にサポートできないときでも、自分の知り合いを紹介するという形で応援し、それが具体的な仕事につながって双方から感謝されたことが何度もあります。

そのことが単純に嬉しいだけでなく、自分が困ったときにはその人たちに相談しやすくなるということで一石三鳥です。

「情けは人のためならず」ということわざの通りですが、持つべきものは人脈、ということを実感させられます。

さまざまなＳＮＳサービスが登場して、そうした人々と長きに渡ってつかず離れずの関係性を保てるのはありがたいことだと思っています。

④登ると決めた山に至る他の道を同時に作り、歩む

この山を登ろう、と歩み始めても、本当の登山と同じで、思いのほか道が険しかったりすることもあります。

急に雲行きが怪しくなって、それ以上進めなくなることもあるでしょう。

そんなときのために、他の登山道も予め見つけておく、さらに可能であれば違う仲間と歩き始めておくことをお勧めしたいと思います。

「パラレルキャリア」とは、まさにそういうことです。

私は、10年以上前に携わっていた仕事でお世話になった方々に、別のある仕事を相談して、一緒に団体を作って現在も活動しています。

そして、現在の仕事でも何かにつけ相談をしたり、プロジェクトを一緒に推進してい

ただいたりと、同じ山に違う山道から登る「同志」「仲間」は、本当に何者にも代えがたい存在です。

⑤今の状況を肯定できる積極的な理由を探す、作る

母の介護をすることになって、生活にはいろいろな制約ができました。

前述したように、母は短期的な記憶ができない状態だったので、私の言ったこともすぐに忘れてしまいます。

必要なことは壁にメッセージを貼るなど、自然に母の目につくようにして、思い出してもらえるようにしていました。

また、あまり突発的な予定変更などがあると情緒が不安定になるので、生活のすべての組み立てを私がやり、できるだけ規則正しく過ごしていけるようにプロデュースをしていました。

母を見守る必要があったので、休みの日は夫か私のどちらかが家にいることになり、夫婦で一緒に旅行に出かけることはほぼなくなりました。

長い出張や旅行は、どちらか一人だとしても、なかなか困難でした。

そんな状況でしたから、時として母を恨んでしまう、ということもあり、今だから言えますが、脳の後遺症で感情のコントロールが難しいのに加え、体力的にはまだまだ元気だった母と、殴る蹴るの大喧嘩になったこともあります。

私自身も生活のペースを作るのに四苦八苦し、病気をする前の母とのあまりの違いがショックで、余裕がなかったのだと思います。

そこで、猫を飼うことにしました。

猫を飼ったことで、家にいなくてはいけない、旅行に行けない、などのマイナスの感情を払拭できたのです。

母のためにそうせざるを得ない、という考え方から、猫のために家にいたい、長い旅行も特に行かなくていい、という気持ちを作り出すことができたのです。

母と夫と猫との生活は、今後、仕事にも生きてくるな、と実感したことが何度かありました。

そのことを積極的に意識し、肯定し、やがてこの経験を未来にどう生かそうかと具体的に考えることで、気持ちに折り合いをつけるようにしていました。

こうして本を書く、ということも当時考えていたことの一つです。

大切なのは、転んでもただでは起きない、ということなのではないでしょうか。

日々、成長しよう

私たちは、意識をほんの少し「学び」にシフトさせることで、日々、成長することができます。ここまで、さまざまな学びの形をご紹介してきましたが、実際にどこかの学校に通わなくても、あるいは「これが勉強です」というレベルのものを学ばなくても、日々の生活、人生から学ぶことが可能です。

そして、日々の人生、生活の中から学びを得ることができる人というのは、日々、成長し続け、とても素敵な人生を送ることができるはずです。

仕事の中で知ったこと、人との会話の中で気づいたこと、読書を通して学んだこと、映画を観て心に沁みたこと、あるいは、トラブルがあって解決に動く中で、新たな自分の可能性を見つけたり、初めて知る社会の現実があったり、反省をし教訓を得たり……。

そういうことの中で、それらをすべて自分の学びにするという方向に、ほんの少しでも意識のベクトルを向けることができるかどうかで、学びの深さというものは、大きく変わってくるものです。

育児や、かつての私のような介護、その他のやらなくてはならないことに、心も時間も振り分けなければならない状況にある方は、本当に大変な日々を送られていることだと思います。けれども、私自身はそんな環境の中でも学びや気づきがありました。それが、今の人生に確実に役立っていると断言できます。

「人生に必要なもの。それは勇気と想像力、そして少しのお金だ」

という、チャップリンの有名な言葉がありますが、私たちが、人生を通した学びを続けていく上で必要なことも、これにちょっと似ているかもしれません。

「学ぶ」ことに対して、ほんの少しの勇気と想像力を発揮するだけで、どんな人でも、日々、成長していくことが可能なはずです。

あなたとあなたを取り巻く世界は、あなた自身のちょっとした意識と習慣の持ち方だけで大きく変わるのですから！

おわりに

真面目であることが何となくカッコ悪いこと、という風潮になってしまったのは、いったいいつからなのでしょうか。いわゆる「おバカタレント」がもてはやされるようになった頃からでしょうか。

番組中にあれだけ当意即妙《とういそくみょう》におバカができるのは、ちっともおバカなんかではなく、とてつもなくすごいことだと思ってしまうのですが……。

一方で、本当は努力しているのに、成果が上がらなかったら余計に恥ずかしいので、「カゲ練」「コソ練」「闇練」などといって、勉強や練習を裏でこっそりやるという人も多いようです。

頑張ることが恥ずかしい、あるいは頑張っている人のことを揶揄《やゆ》して引きずり降ろそうという風潮、そろそろやめにしませんか？

時代の変わり目に差し掛かり、これまで信じて疑わずにいたやり方がもはや通用しなくなっています。

かつて「新人類」といわれた50代は、最近では「茹でガエル世代」などという不名誉な呼び名を付けられてしまいました。

30～40代はその予備軍。ゆとり世代と呼ばれる20代。そして、現役を引退したけれど、まだまだ元気なシニア層。皆さん、「いい大人」です。

人口のピラミッドを見ても大半を占めている、その大人が変わらなくては、日本は変わりません。

新しいやり方をもう一度自分たちで創り出すべきタイミングがきています。

失われた20年などといわれ、活力を失ってしまった大人たち。その大人を元気にするのが、「学び」です。

10代の皆さんにも声を大にして言いたいと思います。将来の選択肢を広げるためには「学び」という自己投資こそがもっとも効率が良い投資なのです。そして、そのための元手はほとんどかかりません。

一人ひとりが、「学び」にてらいなく正面から取り組み、〝Ｌｉｆｅｌｏｎｇ　Ｌｅａｒｎｅｒ〟として、コソコソせずに堂々と生涯を通して学び続け、学んだ成果がきちんと評価されるだけでなく、それらを仲間たちと共に社会に還元していくというサイクルを私は作りたいと考えています。それこそが、「ｇａｃｃｏ」の存在意義だと思うのです。

今後、社会の要請や〝Ｌｉｆｅｌｏｎｇ　Ｌｅａｒｎｅｒ〟たちのニーズに合わせ、さらに我々も進化していかなければならないと、この本を書くことで決意を新たにしました。

さあ、そろそろ「カゲ練」は卒業して、堂々とあなたの「Ｌｉｆｅｌｏｎｇ　Ｌｅａｒｎｉｎｇ」を始めましょう！

巻末資料「gacco」案内

「学習活動」——自分の目的や生活スタイルに合わせて

【1】「gacco」に入学！　まずは、会員登録から

パソコン、タブレット、スマートフォンのいずれの端末でも学習が可能です。「gacco」と検索、もしくは、http://gacco.org/ を直接入力して「gacco」サイトのトップページを開き、まずは、「gacco」に入学、会員登録をしてみましょう。

①「gacco」サイトのトップページにある「新規会員登録」を選択します。
②必要事項を記入し、アカウントを作成するとメールが届きます。
③届いたメールの案内に従い、会員登録を完了してください。
④会員登録が完了すると、マイページが開きます。マイページにある「講座を探す」を選択し、気になる講座を受講登録してみましょう。

パソコン、タブレット、スマートフォンなどを使い、毎日10分程度の講義動画で学習できます。

毎週1週間分が一度に更新されるため、空いている時間にまとめて受講することが可能です。一定の条件を満たせば、修了証を受け取ることができます。

受講している講座の「修了証」の取得を目指す人がいる一方で、講義動画だけを見て知識のアップデートをするという方も多くいらっしゃいます。

学び方は自由。自分のペースで決められます。まずは、講義動画の視聴から始めてみませんか。

③仮登録完了⇒メール確認

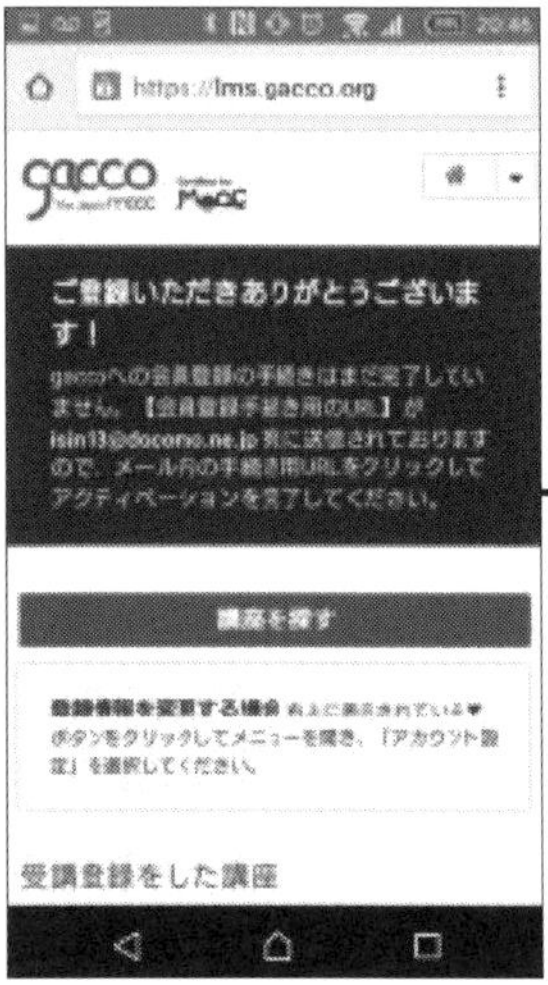

届いたメールのURLをクリック

④登録完了

「講座を探す」で受講したい講座を探して登録

スマートフォンでのgacco会員登録方法

「gacco（ガッコ）」で検索。または、URL（http://gacco.org/）を入力

gacco　検索　　URL：http://gacco.org

①「新規会員登録」選択

②必要事項記入

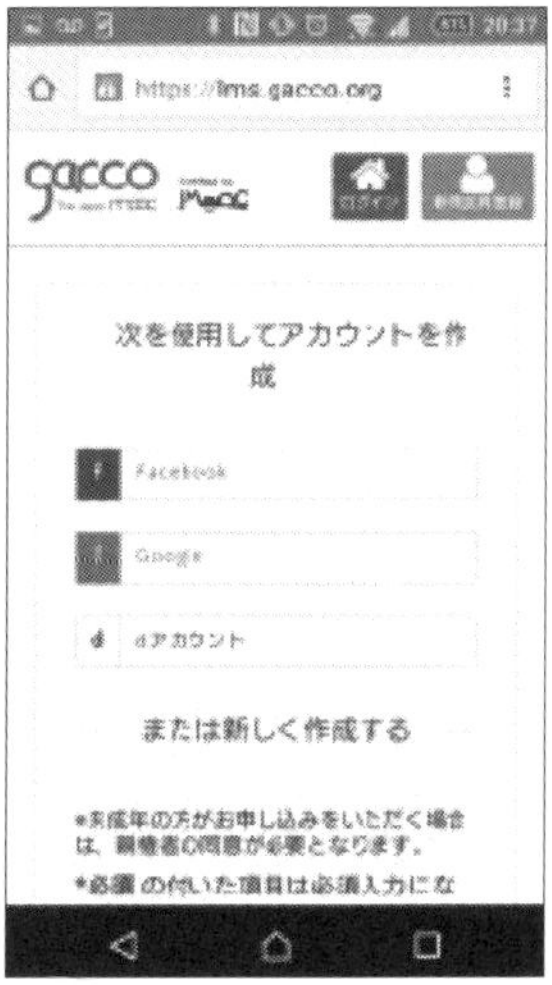

【2】実際に受講をしてみる

「gacco」は、動画を中心にした学習スタイルなので、学び方は簡単です。

講義動画は、1本あたり約10分程度で制作されており、飽きないで視聴できるよう工夫されています。

1週間につき6～10本程度の講義動画が、週の初めにまとめて配信されますので、毎日時間を決めて少しずつ、あるいは、空いている時間にまとめてと、生活時間やパターンに合わせて快適で継続しやすい学習方法を選んでいただくことができます。

通勤時間にスマートフォンやタブレットで学習したり、会社の昼休みや帰宅後にパソコンで学習したりと、すでに受講されている皆さんもそれぞれに工夫をされているようです。

1週間分の学習を終えると、理解度を確認するための、クイズあるいはレポートがありますので、課題に答えて提出します。

それを、講座によっても違いがありますが、4週間程度続けて、最終課題のテストあるいはレポートなどが課され、各週実施したクイズやレポート成績の累積の合計点が合格点に達していれば、修了証を受け取ることができます。

このレポート課題は、講師による採点ではなく、受講者同士による**「相互採点方式」**を採用しています。

受講者は、レポート提出後に提示される評価基準をもとに5人程度の他の受講者のレポートの評価点をつけます。

自分自身の課題は他の受講者による評価点の「中央値」が最終的な得点になります。

他の受講者のレポートを採点するというのは慣れないことかもしれませんが、採点をするために必要な知識を確実に身につけ、他の受講者の課題内容や採点コメントを通して自らの記述力・理解力・表現力を振り返ることができ、学びを深めることができると、すでに体験された受講者の皆さんにも好評です。

最終クイズ／レポート
選択＋記述式問題×20問程度
レポート提出

修了証発行
PDF版の修了証を発行

対面授業
期間中に１～２回
２時間程度の集合型学習

同じテーマの知識学習をすませた人たちがリアルな場で学びを深める
- 予習＝オンライン学習
- 議論＝リアル・ワークショップ

↓

「学びの質」の向上

学びのスタイル

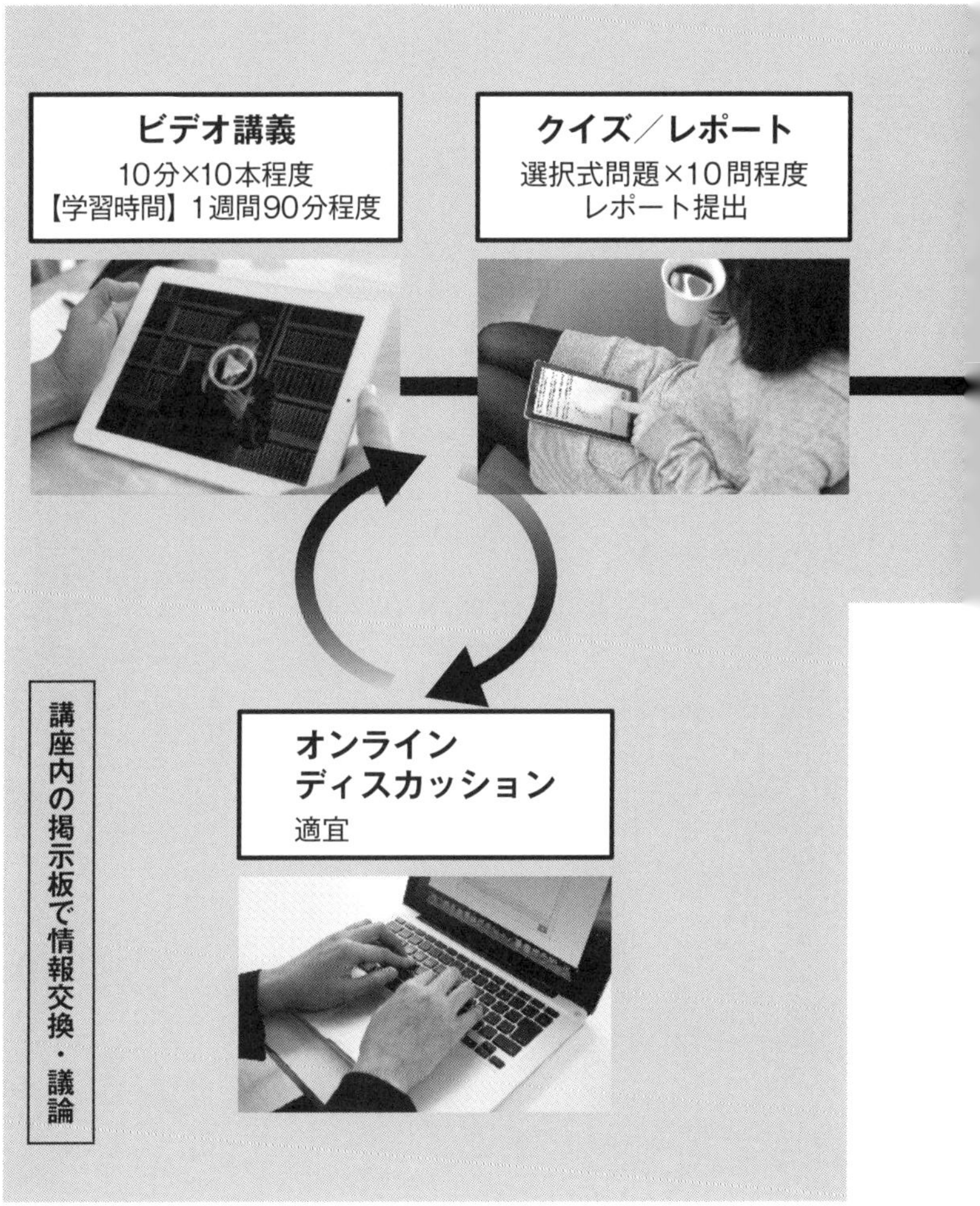

ビデオ講義
10分×10本程度
【学習時間】1週間90分程度
クイズ／レポート
選択式問題×10問程度
レポート提出
オンライン
ディスカッション
適宜
講座内の掲示板で情報交換・議論

「学友活動」――オンライン学習でもつながる学びの輪

「ｇａｃｃｏ」には、オンラインの講義だけでなく、ディスカッションボード（掲示板）が用意されています。

同じ講座の受講生あるいは担当講師に向け、発言し、質問し、回答することで、交流が生まれます。

実際の生活では、自分からそのような真面目な会話をすることを躊躇《ちゅうちょ》してしまったり、仮にそのような話をしようとしても、周りに同じようなテーマに興味や関心を持っている人を見つけづらかったりして、コミュニケーションが成立しにくいものです。けれども、多くの人が参加するオンラインサービスである「ｇａｃｃｏ」なら、同好の士や仲間を見つけることができるのです。

これが、「学友（を見つける）活動」です。

同じ講座を学び、疑問や考えをぶつけ合い、共に「知」の興奮を味わうという経験は、なかなか得難いもので、ぜひ積極的にディスカッションに参加していただきたいと思います。

ディスカッションボード（掲示板）のヘビーユーザーの方からは、次のようなご意見をいただいています。

「gacco」はフレンドリーな家庭教師

「講師陣や一緒にネットを通して学ぶ老若男女の受講生の方々と、掲示板を通して授業について意見を交わすことができて、学習内容によってはお互いの回答を添削し合い、意見を聞くことができる。

『gacco』は、今まで『gacco』がなければ絶対に学ぶことがなかった、でも興味のあった講義を学ぶ機会を与えてくれて、『gacco』がなければかかわることがなかったであろう講師の方々や、受講生の方々と意見を交わすことができる場を提供してくれる。

私は、少しでも興味のある講義があれば、まずは登録して色々と見識を広める場として使っています。

何かに役立つ、ということよりも、学びたいという意欲を掻き立てるものがあれば、取りあえず飛び込んで、講義を聞いています。

時には、講師のツイッターをフォローして、講義後も講師の活動を継続して学んでいることもあります。

これからもジャンルにこだわらず、隙間時間を有効に活用して沢山のことを学び、新しい世界へチャレンジするきっかけ作りのために、『gacco』を活用していきたいと考えています」

このディスカッションボードについては、サービス開始前、実は二つの点で我々は少し心配をしていました。

一つ目は、「受講者の皆さんが、こうしたコミュニケーションの形に慣れておらず、ディスカッションに書き込みがなく、盛り上がらなかったらどうしよう……」というもの。

もう一つは、「書き込みはあったとしても、ニックネームでの参加のため、炎上するようなことがあったらどうしよう……」というものでした。

でも、蓋を開けてみると、その二つはどちらも、杞憂《きゆう》でした。

おかげさまで活況を呈していますし、時々不用意な書き込みをする方がいないわけではありませんが、そこも受講者同士でコミュニケーションを取ることで、解決に向かっていくのです。

もちろん、開講期間中、各講座のディスカッションボードには、利用に関するガイドラインも用意していますし、講座提供をしてくださっている講師やそのスタッフ、我々「ｇａｃｃｏ」のスタッフが見守っています。

講師によっては、積極的に自ら書き込みをされるのですが、やはりその講座は、より一層の盛り上がりを見せ、ディスカッションが活性化するのが面白いところです。

先行き不透明なこれからの時代には、自分の考えをしっかり述べることも大切ですし、人の考えを聞いて、うまくコミュニケーションを取りながら議論を進めること、その議論をまとめて建設的な落としどころを見つけながら、前に進んでいくことが必要です。

ディスカッションボードは、そうした能力の開発にも一役買っていると考えています。

ディスカッションボードでは、その人の人柄や能力の一端も垣間見えるものです。

オンラインで講義を受けるだけでなく、ディスカッションボードもうまく活用して、コミュニケーション能力を高めると共に、終生に渡って語り合えるような学友を見つけていただくことができたら、と願っています。

「対面授業」と「学級活動(gaccatz《ガッカツ》)」

「ｇａｃｃｏ」の最大の特徴は、オンラインの学びに加えて、「反転学習」の考え方を取り入れた有料の**「対面授業」**を積極的に実施していることです。

受講者は、オンライン講座での学習をもとに、担当講師から直接指導を受けたり、仲間同士で直接意見交換をしたりすることで、さらに発展的な学びを体験することができます。

「講師からの指導だけでなく、受講者同士でリアルなディスカッションをすることで新たな気づきを得ることができた」と、大変好評を得ています。

知識の習得は好きな時間に好きな場所で、好きなデバイスを使ってオンラインで事前学習し、一定の知識を得た受講者が実際に集まり、それぞれに思っていること、分からなかったことをやりとりすることで、アウトプットを重視しながら知識をより深めていくことができるのです。

こうした新しい学びのスタイルが支持され、ビジネスマンを中心として、さらに幅広く、小学生からリタイア後の方まで、多くの方に参加していただいています。

最初の「ｇａｃｃｏ」の「対面授業」は、２０１４年の5月に、東京大学で行われました。

本郷和人教授による「日本中世の自由と平等」というオンライン講座を受講した約２万名の受講者の中から希望者を募り、抽選の結果、約１００名に参加していただきました。

当日は、13歳の中学生から80代の方までと、年齢もバックグラウンドも異なる参加者をグループ分けしてワークショップを行い、各グループに発表してもらうという形式を取りました。

このグループワークに関して、スタッフの中からは、「年齢の高い方や社会人経験が

長い方が主導権を持ってしまい、若手は意見が言いにくいかもしれないから、工夫をしたほうがいいのではないか」という意見も出ましたが、最終的にはあまり深く考えずに自然体でグループ分けをすることになりました。

結果、どのグループも年齢やキャリア、性別などに捉われることなく、メンバーがみな真摯に同じテーマに取り組み、活発に議論しているという本当に新鮮な光景を目の当たりにしたのです。

日本では、得てして年齢や性別、所属する団体や地域でコミュニティが分断されがちなものです。けれども「学び」を共通項にすれば、多世代交流の場ができる、という大きなポテンシャルを感じることができ、大きな感動を覚えた日となりました。

一方、「ｇａｃｃｏ」の公式プログラムとして提供している、「対面授業」以外にも、受講者が自主的に集まって相互に学ぶ**「ミートアップ」**など、オフラインの活動も活発に行われています。

このミートアップを積極的に開催している「ｇａｃｃｏ」ユーザーの有志が集まって立ち上げた「ｇａｃｃｏコミュニティ」というＦａｃｅｂｏｏｋのグループには、すでに６００人近くが集って、学びに関する議論をはじめ、ミートアップや交流会の呼びかけが積極的に行われています。

そうした「学び」を媒介としたコミュニティづくりこそ、私がずっと目指してきたものなのです。

そこで、ミートアップが開催されるときには、会議室の提供や、スタッフがファシリテーターとして参加する、などの取り組みを少しずつ始めています。

オンライン・オフライン双方による対話の実践と、コミュニティ形成による「集合

知」の社会還元こそオープン・エデュケーションを標榜して誕生した「ｇａｃｃｏ」が取り組むべきものだと考えているからです。

とはいえ、「ｇａｃｃｏ」の「対面授業」や「ミートアップ」は、主に都内で行われることが多く、地域が狭まってしまっているのが課題でした。

そこで誕生したのが「ｇａｃｃａｔｚ」システムです。

これは、数百人の参加者が、自宅もしくは離れた拠点からインターネットでつながり、講師から一斉配信されるリアルタイム講義や、少人数のグループに分かれてのグループワークなどの課題に取り組むことができる、大規模なオンラインワークショップシステムです。

「ｇａｃｃａｔｚ」では、ワークショップに必要な三つのモードを備えています。

一つ目は、従来のように講師から一斉に配信されるリアルタイムの講義を受講できる「全体モード」です。

二つ目は、3～4名程度の少人数のグループに分かれて一つの成果を出す「グループ

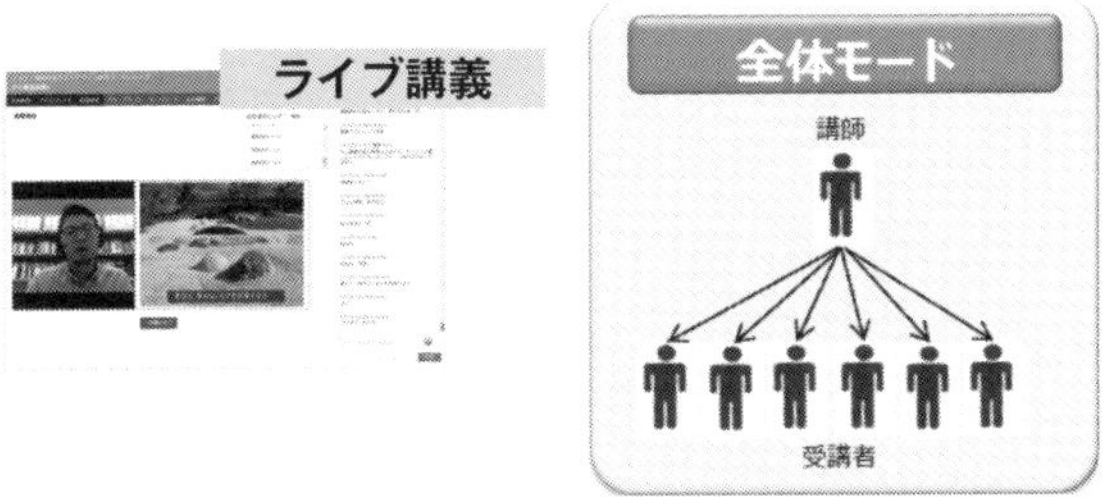

先生の解説を受講者が視聴します

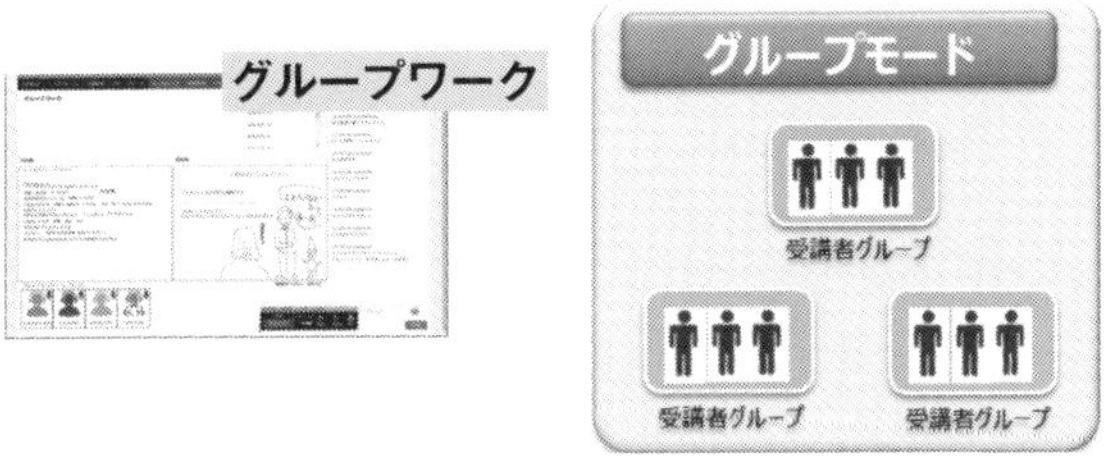

受講者が３～４名のグループを組みディスカッションを行います

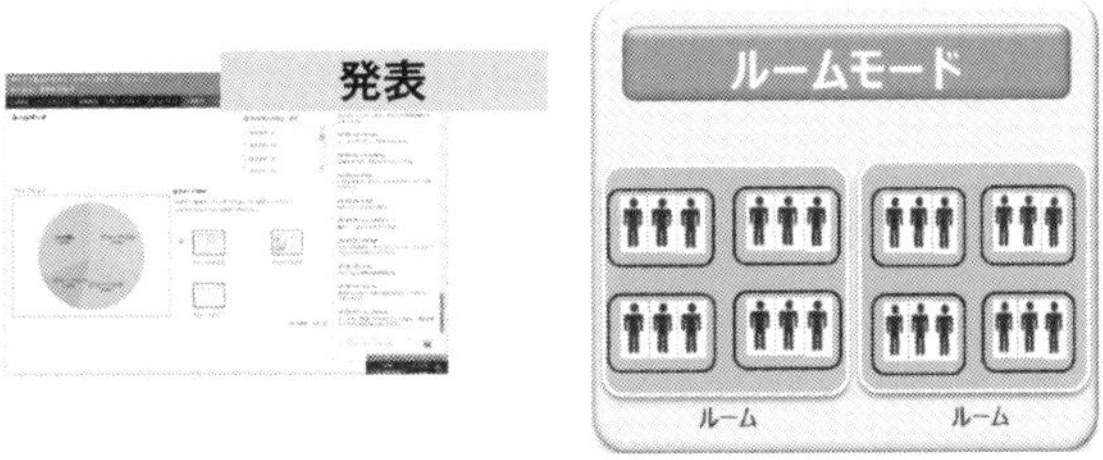

３～４グループで１つのルームを作り
グループの代表者が発表を行います

モード」です。

三つ目は、グループを3〜4のグループずつに束ねて、お互いに成果発表などを行うことのできる「ルームモード」です。

これら三つのモードを、イベントに合わせてスムーズに切り替えながら進行していくことができるのが「gaccatz」の大きな特徴となっています。

受講者は、インターネットにつながるパソコンと、音声チャットを行うためのマイクさえあれば、自宅や職場など、国内外場所を問わず参加することができます。

全体モードでは、講師のライブ講義が受講できると共に、テキストチャットを活用して、質問や感想、意見などを投稿することができます。

講師は講義を行いながら、チャットに投稿された内容をタイムラインで確認することで、質問に答えたり、詳しい説明を加えたりなど状況に合わせた対応を行うことができます。

講師などによる配信元が複数ある場合は、配信拠点を切り替えて講義を実施することも可能です。

講義中にクイズを出して答えてもらい、リアルタイムで集計結果を発表できるので、理解度を確認しながら講義を進めることが可能です。受講者の参加意識もより高まります。

グループモードでは、システムで自動に振り分けられた3～4名程度の少人数メンバーが表示されます。地域や年齢を問わずフラットにディスカッションできる点がオンラインワークショップのメリットでもあります。

画面には、作業用と提出用のホワイトボードがあり、グループディスカッションを行いながら、グループでの成果を作成していきます。

グループワークは、音声チャットとテキストチャットを併用して行います。音声チャットにすることで、カメラに映ることを気にせず、自宅など、どんな場所からも参加が可能ですし、顔が見えないことで、先入観を持たずにディスカッションに集中できるという効果もあります。

ルームモードでは、3～4グループずつに束ねられ、各グループの代表者が自分のチームの成果発表を行います。

他のグループの成果物を見たり、発表を聞いたりすることで、他のグループの記述力・理解力・表現力など、自分のグループとの共通点や相違点について考察したり参考にしたりすることが可能です。

発表に対する参加者全員からの投票も可能です。

また、この「ｇａｃｃａｔｚ」の仕組みの大きな特徴は、ワークショップの運営側のスタッフの稼動を大きく削減することが可能な仕組みが備わっているところにあります。具体的には、グループワークが盛り上がっているかどうかをグループごとに可視化し、一覧表示することができるため、スタッフが状況把握をし、サポートをすることが容易なのです。

またグループワーク参加者は、ヘルプ機能を使って個別にサポートを受けることもできるようになっているため、安心して参加することができます。

「ミートアップ」にも「ｇａｃｃａｔｚ」を利用することで、遠隔地に広がる同好の仲間と直接コミュニケーションを図ることができるのではないかと考えています。
「ｇａｃｃｏ」は、これからも新しい学びのスタイルを提案していきます。
ぜひ入学していただき、皆様の「ｇａｃｃｏ」スタイルをお楽しみください。

謝辞

この本を書くにあたって、本当にたくさんの方々の力をお借りしました。

仕事や生活の場面で、これまで私に数々の学びを与えてくださった方々。

こうして拙い経験をまとめるきっかけを作ってくださった方々。

執筆にあたって、資料を用意したり、方向性を一緒に考えたり、原稿のわかりにくい部分を根気よくチェックしてくれたドコモｇａｃｃｏ社のスタッフの皆さんには、本当に感謝しています。皆さんの協力なしに書き上げることはできなかったと思います。

書きたいことはたくさんあるのに、ピシッとした背骨を通すのに四苦八苦し、悶々としていたときに、我慢強いアドバイスにより、指針やイメージやひらめきを与えてくださった総合法令出版の関俊介編集長、本当にありがとうございました。

そして、人生という山登りでパーティーを組み、共に歩みながら、私を私たらしめてくれる夫に、普段は言えないけれど、心からの感謝を伝えたいと思います。ありがとう。

これからもよろしくお願いします。


最後に、この本を手にとり、読んでくださった読者の皆さんに、お礼を申し上げます。

そして心より祈っています。

「皆さんの人生が学びと共にあらんことを！」

【著者紹介】

伊能美和子（いよく・みわこ）

株式会社ドコモ gacco（ガッコ）代表取締役社長

国際基督教大学卒業後、NTT 入社。
企業内起業家として、メディアコンテンツ領域の新事業開発に従事。
NTT 研究所開発技術を活用し､音楽の著作権処理フローの大変革を実現。
また、デジタルサイネージの事業化を推進する傍ら業界団体を設立する。

日本初の MOOC（大規模公開オンライン講座）サービス､「gacco」を立ち上げ、同サービスの運営会社、株式会社ドコモ gacco 代表取締役社長に就任。

一般社団法人デジタルサイネージコンソーシアム専務理事。
政府有識者会議の委員などを歴任。
講演多数。

自分を成長させる
最強の学び方

2017年 4月11日　初版発行

著　者　伊能美和子
発行者　野村直克
発行所　総合法令出版株式会社
〒103-0001 東京都中央区日本橋小伝馬町 15-18
ユニゾ小伝馬町ビル 9階
電話 03-5623-5121

印刷・製本　中央精版印刷株式会社

ISBN 978-4-86280-545-4

総合法令出版ホームページ　http://www.horei.com/